Josef Vasthoff

Liäben up´n Mönsterlänner Buernhoff
in aolle un nïee Tïeten

agenda

Niederdeutsche Kultur
Band 1

Josef Vasthoff

Liäben up´n

Mönsterlänner Buernhoff

in aolle un niee Tieten

a

agenda Verlag
Münster
2007

Die Herausgabe des Buches wurde gefördert vom Landschaftsverband

Westfalen-Lippe

Bibliografische Information der Deutschen
Nationalbibliothek

Die Deutsche Nationalbibliothek verzeichnet diese
Publikation in der Deutschen Nationalbibliografie;
detaillierte bibliografische Daten sind im Internet über
http://dnb.d-nb.de abrufbar.

ISBN 978-3-89688-319-3

Inhaltsverzeichnis

Waorüm ick düt Bööksken schriew?

Et giff ümmer wenniger Lü, de no wiett't, wu et fröher up'n Mönsterlänner Buernhoff togong. Un et giff auk ümmer wenniger Lü, de use schöne Mönsterlänner Platt no küern könnt. De miärsten Mönsterlänner könnt aal nich äs mähr Platt verstaohn. Dat is scha! De Spraok is'n Deel von de Kultur un von de Heimaot. Wenn use schöne Mönsterlänner Platt utstäff, dann stäff auk 'n Deel von use Iärse un Kultur ut. Laot't us alls daoföer dohn, dat use aolle Moderspraok erhollen wött!

Üm daoto 'n biettken met te helpen, schriew ick düt Bööksken üöwer dat Liäben up'n Mönsterlänner Buernhoff in fröhere Tieten auk in Mönsterlänner Platt. Dat Platt is 'ne Küerspraok un kinne Schriewspraok. Daorüm giff't auk kinne verbindlicke Rechtschriewung so äs in dat Hauchdütschke. Man schriff dat Platt so äs man et küert.

Dat Platt wött in't gansse Mönsterland boll gliek küert. Aowwer et giff bi enzelne Wäöer kleine Unnerscheide – un dat manks von Duorp to Duorp. Ick schriew dat Platt so, äs't in Billerbieck, wao ick upjungt sin, küert wött.

An'n Anfang gieff ick 'nen kuorten Üöwerblick üöwer de Geschichte von de Mönsterlänner Buernhöef. Dann vertäll ick von de Tiet, de mi no däch. Dat fäng an met de lesten Kriegsjaohre un de Naokriegsjaohre. Vertällen doh ick aowwer auk von de Tiet daovör trügg bes to de Jaohre üm 1900. Daobi schriew ick besünners dat up, wat mi miene Öllern un miene Öhms un Tanten vertällt häbt.

Ick sin 1938 in Billerbieck geboern un dao up den Buernhoff Schulze Vasthoff upjungt. Ick was dat diärde von fief Kinner – twee Jungs un drei Wichter. Mien Broer was öller äs ick. Daomet was he von vörn herin äs de Hoffiärwe vörseihn.

Öhm an´ne Müer wull ick nich wäern. Daorüm häff ick mi to rechten Tiet nao´n annern Liäbenswägg ümseihn. Miene Öllern häbt mi nao de höggere School hen schickt. Dao häff ick mien Abitur maakt. Daonao häff ick Betriebswirtschopp studeert. Mien Braut häff ick tietliäbens bi Banken un Versieckerungen verdennt. Siet mienen 61. Geburtsdagg liäw ick de Rente.

Usen Hoff was met 180 Muorgen een von de grötteren Höef. Daomaols wuor de Grött von´n Hoff no miärsttiet an de Tall von de Arbeitspiär miätten. Wi tällden to de Fief-Piärds-Buern.

Up´n Buernhoff liäwden no bes in de füftiger Jaohre vuel Lü. Up usen Hoff wassen dat 1950 no 26 Lü. Well wassen dat?

Vader un Moder, fief Kinner, Bessvader un Bessmoder, ´ne Familg, de ut Schlesien verdriebben wuorn was, met fief Kinner, 'ne Melkerfamilg met drei Kinner, twee Knechte, eene Magd un twee Praktikantinn'n.

Et gaff nich bloß vuel Lü up'n Hoff, män auk vuel Veeh. Up usen Hoff von 180 Muorgen haern wi fief Arbeitspiär un so üm de acht Jungpiär. An Kohveeh wassen et 25 Miälkküh un 40 Kopp anner Kohveeh. Daoto kammen Schwiene, Schäöp, Höhner, Gais, Iärn'n un Puten.

Miene gansse Jugend hendöer bes to't Abitur in dat Jaohr 1958 häff ick up usen Buernhoff liäwt. So kann ick von't eegene Beliäben vertällen, wu dat in de Naokriegstiet un in de füftiger Jaohre up so'n Mönsterlänner Buernhoff togong. Wat ick üöwer de Kriegsjaohre schriew, dat häff ick miärst no sölws beliäwt of ick weet't von't Vertällen.

De Geschichte von de Mönsterlänner Buernhöef

Bevör dat ick von dat Liäben up'n Mönsterlänner Buernhoff vertäll, will ick äs kuort de Geschichte von de Mönsterlänner Buernhöef in'n Verlauf von de Jaohrhunnerte beschriewen.

Von Jägers un Sammlers to Buern

De Geschichte von de Mönsterlänner Buernhöef fäng eenlick aal daomet an, dat de Menschken sesshaft wuorn un sick faste Hüüs bauden. Dat was in't Mönsterland so üm de Tiet tüschken 3000 un 1000 vör Christi Geburt. Vör düsse Tiet trocken de Menschken äs Jägers un Sammlers döer de Gieggend un wuenden in Hüölen. De Menschken, de sesshaft wuorn, bauden sick teiärst Hütten ut Holt un Lehm met'n Dack ut Schilf of Strauh. Menschk un Dier liäwden unner een Dack.

De Familgen wuenden alleen in de Wildnis of up'n Drubbel tesammen met anner Familgen von de sölwige Sippe. Dat Mönsterland bestonn daomaols to'n gröttsten Deel ut Buschk, Moor un Heide. Acker-bau gaff't boll nich.

So üm de Tiet af 500 nao Christi Geburt fongen de Menschken mähr daomet an, de Büschk te roden, üm

Ackerland daovon te maaken. Föer dat Roden daihn sick mährere Familgen tesammen. So entstonn'n de iärsten kleinen Buerschoppen. Von de daomaoligen Rodungen stammt no de Namen von de Düörp met de Endsilbe „rode" – so äs to'n Biespiell Eggerode un Rinkerode.

De Menschken in't Mönsterland haorn aal daomaols to den Stamm von de Sachsen. Dat Sachsenland was unnerdellt in mährere Unnerstämme. Een daovon wassen de Westfaolen. De liäwden auk in de Gieggend von't Mönsterland. In de Gieggend von de Weser satten de Ostfaolen.

De Sachsen häern'ne strenge Stammesordnung. Et gaff de Adeligen, de Frieen un de Halffrieen.

Von friee Buern to Liefeegene

Graute Verännerungen gaff't föer de Buernhöef in't Mönsterland so üm de Tiet von 800 nao Christi Geburt. Dao häer de Frankenküening Karl de Graute auk dat Mönsterland erobert. De Menschken mossen den christlicken Glauben anniemmen. Dat gong döer Bekehrung – un wenn dat nich holp – met Gewolt. De wichtigste Missionar föer dat Mönsterland was de hillige Ludgerus. De gründete in dat Jaohr 793 'n Klauster an de Stiär, wao vandag de Dom in Mönster steiht. In dat Jaohr 805 wuor Ludgerus von Karl den

11

Grauten to den iärsten Bischof von dat niee Bistum Mönster beropen.

Unner de Herrschaft von Karl den Grauten häbt de Buern dat Eegendom an öhren Grund un Buoden verloern. Se behollen öhr Land, aowwer män bloß äs Pachtung. Ut friee Buern wuorn Liefeegene. Düt System häer den Namen „Eigenhörigkeit" of „Leibeigenschaft". De Buern mossen dat Eegendom an öhren Grund un Buoden an niee Grundhärns afgiebben.

Dat wassen Adelige, Stifte un Klausters. De plattdütschke Name föer de Adeligen was „Kabbeleern".

Äs Gieggenleistung daoföer, dat de Buern öhr Land afgaffen, moss de Grundhär de Buern Schutz giebben. Dat was vör allem nairig gieggen Üöwerfälle von früemde Truppen, Landsknechte, Raibers un Verbriäkers.

De Buern mossen hauge Afgaben an den Grundhärn maaken un Hand- un Spanndenste leisten.

To de jäöhrlicken Afgaben an den Grundhärn kammen no anner Afgaben hento. Daoto 'n paar Biespiells: Wenn de Buer daut gaohn was un de Hoff an de naichste Generation üöwergiebben wuor, moss de beste Koh – Sterbkuh of Besthaupt – an den Grundhärn afgiebben wäern. Wenn 'ne junge Frau up'n Hoff kamm, moss föer se de „Auffahrt" afliewwert wäern. Dat wassen wier Veeh un anner Naturalien.

Von'n Hoff in de Stadt aftrecken droffen de eegenhäörigen Lü bloß met Erlaubnis von den Grundhärn. Dann mossen se föer 'nen „Freibrief" betahlen.

An de Kiärk mossen de Buern den „Zehnten" afgiebben. Dat wassen in't fröhe Middelaoller Afgaben in Natural – to'n Biespiell jeddet Jaohr 'n Schwien, teihn Höhner un fief Zentner Kaorn. De Afgaben wassen föer jedden Hoff genau fastleggt. Man kann dat vandag no in de aollen Kiärkenböök naoliäsen. In lätere Tieten wuorn de Naturalafgaben mähr un mähr döer Geld ersett't. De „Zehnte" an de Kiärk häff sick dat heele Middelaoller un de niee Tiet hendöer bes to de Säkularisierung üm 1803 hollen.

De Afgaben an den Grundhärn un an de Kiärk mossen auk in Jaohre met schlechte Ernten maakt wäern. Dann gaff't faken bittere Naut up de Höef.

Föer dat Intrecken von de Afgaben wassen in't Mönsterland de Schultenhöef tostännig. De Schultenhoff was de übberste Hoff föer so'ne Buerschopp met rund 30 Höef. Wat in't Mönsterland de Schultenhöef wassen, dat wassen in Ostwestfaolen de Meyerhöef. Et gaff aowwer eenen wichtigen Unnerscheid: De Meyer konn von den Grundhärn afsett't wäern, wenn he sien Wiärks nich guet mook. Daoher kümp de Redewendung: „Er wurde abgemeiert." Den Schulten konn dat so licht nich passeern. He häer 'nen Iärwhoff un konn nich von sien Iärwe verjagt wäern. De Meyerhöef wassen kinne Iärwhöef. Se mossen von jedde Generation wier von nies pacht't wäern.

Bi all de Afhängigkeit von den Grundhärn häer dat System apatt twee Vördeele föer den Bestand von de Buernhöef:

Iärstens konn de Grundhär – dat was 'n Adeliger, Klauster of' Stift – de Buernfamilg nich von'n Hoff jagen.

Tweddens droff de Buer den Hoff veriärwen, auk wenn't män bloß 'ne Pachtung was. Et was 'ne Iärw-pacht. Iärwe konn bloß een von de Kinner wäern. Daomet wuor de Hoff erhollen un nich unner de Kinner updellt. Hoffiärwe was miärst de öllste Suon.

Düt System, dat de Hoff nich unner de Kinner updellt wäern droff, häff sick bes vandag in'n Norden von Dütschkland erhollen. Man sägg daoto Anerbenrecht. Dat Anerbenrecht, dat nu aal siet 1200 Jaohre besteiht, häff daoto bidruogen, dat et auk vandag in't Mönsterland no middlere un graute Buernhöef giff.

In anner Gieggenden von Dütschkland – so äs to'n Biespiell in Baden-Württemberg un Hessen – gaff't dat Anerbenrecht nich. De Hoff wuor unner de Kinner updellt. Dat kann'm auk vandag no in düsse Gieggenden an de vuellen kleinen Höef un Acker- un Weideparzellen seihn.

Bes so üm 1900 liäwde in't Mönsterland de gröttste Deel von de Bevölkerung up Buernhöef. Landwirtschaft was dat wichtigste Gewerbe. Well nich Hoffiärwe was of kinne anner Existenz häer, de konn auk nich hieraoden. Man sagg in't Middelaoller to de Lü, de nich verhieraot't wassen, eenlöpige Lüde. Dat wassen Lü, de so te säggen eenspännig döer't Liäben laupen mossen.

Dat heele Middelaoller hendöer bes in de niee Tiet liäwden de miärsten Lü in graute Armot. De Ernteerträge von den Buoden wassen sieg. Man was aal froh, wenn'm von eenen Zentner Saotkaorn drei Zentner wier kreeg. Den Kartuffelanbau gaff't daomaols no nich. De kamm iärst so üm 1850 in't Mönsterland. Auk de Erträge von't Veeh wassen sieg. Wenn 'ne Koh äs fief Liter Miälk an'n Dagg gaff, dann was't aal vuel. De Küh wassen daomaols nich vuel grötter äs vandag 'ne Siegg.

Ümmer wier gaff't Kriege un Fehden tüschken de Grundhärns. Daorunner mossen de Lü up de enzeln geliägenen Höef mähr lieden äs de Lü in de Stiäde. De häern sick nämlick miärst met Wall un Graben sieckert. De afgeliägenen Höef wuorn faken von früemde Truppen, Soldaoten un Landsknechte üöwerfallen. To all dat Mallöer kammen no Seuchen un Krankheiten hento. Alleen döer de Pest kamm in't

Middelaoller ümmer wier 'n grauten Deel von de Bevölkerung üm't Liäben.

Up'n Buernhoff wuor fröher boll alls sölws maakt. Et wuor wennig kofft un verkofft. Geld kamm up de Buernhöef iärst so af de Tiet, wao de iärsten Stiäde gründet wuorn. Dat was so üm 1200 nao Christi Geburt. De Lü in de Stadt koffen Kaorn, Eier, Miälk, Fleeschk un Veeh von de Buern.

Banken gaff't daomaols no nich. Dat Geld wuor up'n Hoff upbewahrt. Et kamm up de „hauge Kante". Dat was de Balken üöwer dat Kastenbärr, wao de Buer un siene Frau schlaipen – de Alkoven. Dao was dat Geld wuel an sieckersten upbewahrt.

Geld häern daomaols äher de Buern up'n Klai äs de Buern up'n Sand. Dat kamm daovon, dat de Getreideerträge up'n Klai daomaols vuel högger wassen äs up'n Sand. Daorüm konn'n de Klaibuern mähr Kaorn verkaupen äs de Sandbuern. Ut de Tiet kümp dat Sprüek: „De häff wat an de Fööt." Daomet was mennt, dat 'ne Bruut von'n Klai mähr Utstüer un Geld metkriegen konn äs 'ne Bruut von'n Sand. Wenn'm üöwer'n Klaibuoden geiht, bliff de Äer an de Fööt hangen. Dat döht de Äer bi Sandbuoden nich.

Von Liefeegene wier to friee Buern

Dat System von de Liefeegenschopp, dat met Karl den Grauten in't Mönsterland kuemmen was, häff sick üöwer 1000 Jaohre bes so üm 1810 hollen. Dann kamm de „Bauernbefreiung" auk in dat Mönsterland, wao üm düsse Tiet de Franzosen unner Napoleon un de Prüßen dat Säggen häern. De Buernbefrieung is unner den Namen „Stein-Hardenbergsche Reformen" in de Geschichtsböök ingaohn. De Buern kreegen dat Eegendom an den Hoff üöwerdriägen. Se mossen daoföer aowwer hauge Aflösesummen an den Grundhärn betahlen.

Nao de Buernbefrieung kammen biättere Tieten föer de Mönsterlänner Buernhöef. Se häern nich mähr de Afgaben an den Grundhärn te maaken. De Erträge up'n Kamp un in'n Stall wuorn auk allmählick högger. No biätter wuor de Ernährungslage, äs so üm 1850 de Kartuffelanbau in't Mönsterland antoch kamm. So üm 1900 kamm de Kunstdünger up.

De Tiet von 1900 bes to'n twedden Weltkrieg

In de Tiet tüschken 800 un 1900 häff sick up de Buernhöef eenlick nich all te vuel ännert. Alle Arbeiten mossen von Hand maakt wäern. Up de Höef liäwden vuel Lü. Üöwer 90 Prozent von de Bevölkerung in't Mönsterland arbeit'den in de Landwirtschaft.

In de iärste Hälfte von dat 20. Jaohrhunnert häff sick in de Landwirtschaft mähr ännert äs in de 1000 Jaohre daovör – un dat enzig un alleen döer den technischken Fortschritt up alle Gebiete. De Erträge wuorn döer biättere Tüchtungen, Kunstdünger un Unkruutvernichtungsmittel biätter. De Erfinnung von den Kunstdünger was vör allem föer de Buern up de Sandbüödens 'n Siängen. Se konn'n met den Kunstdünger vuel höggere Ernteerträge inföhern äs fröher.

De Maihmaschinen wassen met de iärsten Maschinen, de up de Höef kammen.

Von de Tiet an häbt sick de Höef up'n Sand düftig guet entwickelt. Aowwer auk de Höef up'n Klai konn'n met den Kunstdünger wiet höggere Erträge kriegen.

Siet Anfang von dat 20. Jaohrhunnert kamm ümmer mähr Technik up de Höef. So kamm von 1920 an de Elektrizität up Buernhöef un daonao kammen auk de iärsten Maihmaschinen un Sölwsbinners.

De Buernhöef in'n twedden Weltkrieg

Kindheitserinnerungen an den twedden Weltkrieg häff ick bloß no an de lesten Kriegsjaohre. Ick weet no, dat ick up mienen Schoolwägg nao Billerbieck von Deipfleigers beschuotten wuorn sin. Wi häern Uorder, us faorts in'n Graben of in'n Ärdlock te schmieten of ächter'n Schosseebaum te verstoppen, wenn Deipfleigers anfluogen kammen. Socke Ärdlöcker wassen daomaols an de Straoten utschmietten wuorn. De wassen daoföer dacht, dat'm sick dao in verkrupen konn, wenn Deipfleigers anschuotten kaimen.

Up Deipfleigers uppassen, dat mossen wi Kinner auk, wenn wi met use Öllern in'n Kutschkwagen unnerwäggens wassen. 'n Kutschkwagen – dat was daomaols bi us 'n aollen Opel P4 met'n Piärd dervör. De Motor was utbaut wuorn. Daomet was dat Auto kin Auto mähr, män bloß 'n Piärwagen. Autos mossen in de Kriegstiet an de Wehrmacht afliewwert wäern. Schlau, äs de Lü wassen, laiten se den Motor utbauen un dat Auto in'n Kutschkwagen ümbauen. Et wuor 'ne Dissel vörn an't Auto baut, un so konn 'n Piärd dervör spannt wäern. In de Windschutzschiew was'n Lock utschnienn'n, wao de Lien döer kamm.

Bi us an de Hüegels von de Baumbiärg häer een Piärd an dat ümgebaute Auto noog te trecken. Dao was so'n schwaor Arbeitspiärd gra dat Richtige. Dat was bi us so'ne dicke Belgier-Meer met Namen Minka. De lait sick nich ut de Ruhe brängen.

Met 'ne Pietschk konn'm dat Piärd nich andrieben. Daoföer was dat Lock in de Windschutzschiew te klein. Mien Opa lait sick wat infallen, üm de Meer auk aohne Pietschk antedrieben. He saoch sick 'nen langen Fiezebauhnenstaken un spitzde den vörn an. Den Staken schuow he döer dat Lock von de Schiew. Dat spitze End wiesde up dat dicke Gatt von dat Piärd. Wenn nu dat Piärd te langsam wuor, stack he et met den Fiezebauhnenstaken in't Gatt. Män dat holp nich lang. De dicke Minka häer öhren eegenen Tratt, un dao was auk met den Fiezebauhnenstaken nich vuel an te maaken.

Nu trügg to de Deipfleigers: Wenn wi met usen ümgebauten Opel P4 in de Kriegstiet unnerwäggens wassen, moss een von us Kinner vörn an'ne Siet up dat Reserverad sitten gaohn un nao Deipfleigers Utkiek hollen. Wenn wecke kammen, sprungen wi in'n Graben of in'n Ärdlock.

Eenmaol häff ick seihn, wu 'n Flugzeug dicht bi mi afstüört'de. Dat was so: Ick gong von de School nao Huus hen, dao kamm 'n Flugzeug anfluogen, wat mächtig schmüelde. So 300 Meter wieder schloog et in'n Grund un bronn faorts. Dat englischke Flugzeug was von de Vierlingsflak in Billerbieck afschuotten wuorn. Den Piloten häbt se musedaut ut dat Wrack trocken.

Üöwer usen Hoff trocken faken Bombengeschwaders. Wenn de weg wassen, konn'n wi af un to an den rauden Hiemmel seihn, dat Mönster of Coesfeld bombardeert wuorn was un bronn.

Dat End von'n Krieg häff ick äs siebbenjäöhrigen Jungen beliäwt. Mi däch no, dat an den grauten Dom in Billerbieck witte Fahnen hongen äs Teeken daoföer, dat sick de Stadt ergiebben daih. In de Fensters von de Hüüs in de Stadt un in'ne Buerschopp hongen witte Bärrlakens. De Panzersperren, de de Volkssturm to de Verteidigung upbaut häer, wuorn wier platt maakt. Dann kammen de Tommies met Panzers un Lastwiägens. Aowwer et foll boll kinn'n Schuss.

De iärsten Wiärken nao'n Krieg wassen 'ne laige Tiet föer de Buernhöef. Se wuorn faken von Kriegsgefangene, de in Lagers satten, üöwerfallen un utplünnert. So gong dat auk bi us an Huus. Eenes Dags so üm de Märragstiet kamm 'n Tropp von 50 Russen un Polen up usen Hoff. Met Pistollen in'ne

Hand dreeben se us teiärst in de Küek tesammen un dann in'n Appelkeller. Een von de butten Kärls raip: „Deutsche mein Vater und Bruder ermordet."

'n annern Russe holl miene Moder 'ne Pistoll an'n Kopp un raip: „Urre". He mende Uhr. Wenn miene Moder öhre Uhr nich afgiebben häer, dann häer de Kärl se vellicht daut schuotten. Dat was boll usen Naober passeert. De aolle Mann konn nich mähr guet häöern. Äs he bi'n Üöwerfall von de Russen up Anrop nich faorts ut'n Bärr kamm, häbt se em döer'n Buuk schuotten. Gott dank häff he't üöwerliäwt.

De Buern gong't in'n twedden Weltkrieg no määtig guet. Wennigstens bruukden se nich so te schmachten äs de Lü in de Stiäde. Aowwer auk de Buern häern öhr Päcksken te driägen. Up de Höef moss föer wennig Lauhn schwaor arbeit't wäern. De Priese föer Kaorn, Kartuffeln, Fleeschk, Miälk un Eier wassen in de Nazitiet sieg. De Buern mossen müeglicks vuel produzeern. De Nazis küerden von „Erzeugungsschlacht". Dütschkland soll von't Utland unafhängig wäern. Dat Miärste moss to'n fasten Pries afliewwert wäern. De Buern mossen alls angiebben, wat se anbauden un wat se an Veeh in'n Stall häern.

Dat gansse bürokratschke System von den „Reichs-nährstand" wuor in't Mönsterland von dat „Provinzial-ernährungsamt" in Unna üöwerwacht. Mi däch no äs Kind, dat kinne annern twee Wäör de Buern so hennig up´n End brängen konn´n äs: „Unna kümp". Wenn „Unna" up´n Wägg was, dann wuor to´n Biespiell ´n Schwien, wat bi de Viehzählung nich angiebben wuorn was, gau in´n verstoppt geliägen Schott driebben.

Up Schwattschlachten un Schwatthandel stonn´n hauge Straofen. Verbuoden was´t auk, Kaorn an Veeh te verfohern. Auk alle Miälk moss afliewwert wäern. Et was verbuoden, up´n Hoff sölws Buotter te maaken. An de Müellen un Buottermaschinen up de

Äs de Sölwsbinners up de Höef kammen, mossen de Garben nich mähr von Hand bunn´n wäern.

Buernhöef wassen von dat Ernährungsamt Plomben anmaakt wuorn, so dat de Gebruuk upfoll.

De Arbeit up de Höef moss in de Kriegstiet vör allem von de Fraulü maakt wäern. De miärsten Mannslü wassen jä to´n Kriegsdienst introcken wuorn. Hento kamm, dat up de Höef wennig Piär wassen. De wassen nämlick to'n Deel von de Wehrmacht beschlagnahmt wuorn.

'ne graute Hölp wassen up vuel Höef Kriegsgefangene. Up usen Hoff wassen drei Kriegsgefangene, nämlick 'n Pole, 'n Russe un 'n Hollänner äs Melker. Auk up de annern Höef in 'ne Naoberschopp wassen Kriegsgefangene – miärst Franzosen, Polen un Russen.

In de Kriegstiet wuor boll alls anbaut, wat'm sick bloß denken kann, so to'n Biespiell Flass, Maohn un Tabak. Alle Suorten von Obstbaim gaff't. Dao wassen Appel- un Biärnensuorten derbi, de vandag boll kineen mähr kennt, so to'n Biespiell Boskop, Graurenetten, Dülmener Rose, Rote Stern, Pundbiärnen un Roggenbiärnen. Auk alle Suorten von Veeh wassen up jedden Buernhoff. Niäben Piär, Kohveeh un Schwiene haorn auk Schäöp, Höhner, Gais, Iänn'n un Puten daoto.

De miärsten Arbeiten up'n Hoff mossen von Hand maakt wäern. Alle Lü up'n Hoff, de arbeiten konn'n, mossen met anpacken, auk aal de Kinner. Et gaff bloß wennig Maschinen. Sölwsbinners gaff't in de Kriegs- un Naokriegsjaohre auk aal wuel up gröttere Höef. Dat mook de Getreideernte lichter. Dat Getreide moss nich mähr met de Maihmaschin of Seis schniedden un met de Hand bunn'n wäern.

Et gaff auk aal Sölwsbinners vör'n Krieg, aowwer miärst bloß in't Utland. In Dütschkland häer de Kriegsrüstung Vörrang. Treckers kammen iärst so in de füftiger Jaohre up de Höef.

De Naokriegsjaohre

De Jaohre tüschken 1940 un 1950 wassen 'ne Tiet von graute Schmachterie föer de miärsten Lü. Besünners laig was dat in den „Sibirischen Winter" 1946/47. De Lü in de Stiäde wussen nich, wu se döer kuemmen sollen.

Dat was de Tiet von Hamstern, Tuschken, Schwatthandeln un Schwattschlachten. Up de Höef wuor auk Schnaps ut Kaorn of Kartuffeln sölws brannt, wat verbuoden was. Daomet dat Schwattbriänn'n nich upfoll, stonn de Briänner faken verstoppt up'n Balken. Daovon kümp de Name Balkenbrand föer den sölws brannten Fuesel.

Auk in de Naokriegstiet gaff't no dat Ernährungsamt in Unna. Aowwer de Tommies, de in't Mönsterland dat Säggen häern, wassen nich mähr so scharp met Straofen. Daomaols moss mannich Schwien „aohne Sakramente stiärben" – dat soll heiten, aohne Schlachterlaubnisschien von dat Ernährungsamt. Wenn bi us an Huus winterdaggs de Schlachter kamm, dann frogg he wuel: „Eenfack of dubbelt?" Dat soll heiten, of to dat anmeld'te Schwien nao'n tweddet schwattschlacht't Schwien hento kamm.

In de iärsten Naokriegsjaohre mossen auk de Buern vuel Evakueerte ut de Stiäde un Verdriebbene ut'n Osten upniemmen. Düsse armen Lü wassen üöwerhaupt froh, dat se 'n Dack üöwer'n Kopp un wat te iätten häern. Up usen Hoff kamm 1945 'ne Buernfamilg ut Oberschlesien met fief Kinner. De liäwden un arbeit'den eng met use Familg tesammen, bes se in de füftiger Jaohre 'ne Siedlerstiär in't Hochmoor bi Geschker kreegen.

Wao anners Arbeit te finn'n äs up'n Buernhoff was in de iärsten Naokriegsjaohre boll nich müeglick. Dat wuor iärst in de füftiger Jaohre biätter, äs dat „Wirtschaftswunder" antoch kamm. Arbeitskräfte häern de Buern daomaols noog. Et wassen äher te vuel Lü up'n Hoff äs te wennig.

De Buern gong't in de Naokriegstiet gans guet in'n Vergliek to de anner Bevölkerung. Schmachten bruukden se nich. Se konn'n Kaorn, Kartuffeln, Fleeschk, Miälk un Eier guet verkaupen. Verkaupen – dat moss'm vör de Währungsreform von 1948 met Tuschken beteeken. Denn Geld was daomaols nicks wärt. Man tuschkede Ware gieggen Ware. Et gaff de „Zigarettenwährung" un de „Schnapswährung". To den Tuschkhandel sagg man auk wuel „Kompensieren".

Dat de Tieten laig wassen, miärkden wi Kinner auk aal in de School. Dao gaff´´t „Schulspeise". De kreegen aowwer bloß Kinner von „Normalverbraucher" un „Teilselbstversorger".Buernkinnerwassen„Selbstversorger" un kammen nich an den grauten Pott met´n langen Schleif drin. Aowwer dat Buotteram von de Buernkinner was wisse biätter äs so´n labberigen Maispapp.

In´n Winter mossen de Buernkinner afwesselnd Holtstücke met nao de School brängen. Met dat Holt wuor de graute Uoben in den Schoolruum bott. Den Wägg nao de School gongen wi te Foot. Dat wassen föer mi eenen Wägg veer Kilometer. ´n paar Maol in´ne Wiärk mossen wi no vör de School in de Schoolmiss.

In de Naokriegsjaohre wuor vuel wilddeiwt. Daomaols droffen Dütschke nich up de Jagd gaohn. Dat häern de Besatzungsmächte verbuoden. Alle Gewehrs un Flinten mossen afgiebben wäern. Aowwer vuel Jägers un auk anner Lü häern no ´ne Schrottflint of ´ne Kuegelbüss in´n Verstopp. Kuegelbüssen – dat wassen up Buernhöef faken Karabiners un Teschings.

Föer de enzeln geliägenen Höef in´t Mönsterland was´t licht, an Wild te kuemmen. Et gaff noog Rehe, Hasen, Kaniens un Fasanen. Dat kamm daovon, dat Dütschke jä nich up Jagd gaohn droffen un daorüm de Wildbestand mächtig tonamm.

Wenn to'n Biespiell 'n Buer up sienen afgeliägenen Hoff met so'ne kleine Kuegelbüss äs to'n Biespiell 'n Tesching döer'n Oostlock von'ne Schüer 'nen Hasen schuott, dann miärkde dat kineen.

Dat Wilddeiwen von Fasanen gong bi us in'n Winter so: Ächter de Schopp wuor 'n Draohtgestell upstellt. An eene Siet von dat Gestell wuor'n Pinnken unner sett't. Unner den schraot stellten Käfig wuor Kaorn un Kaff streit. Dat trock de Fasanen mächtig an. An dat Pinnken wuor'n Band bunn'n. Düt Band wuor döer'n Lock in de Schopp trocken. Daoächter stonn'n wi Jungs un waocht'den, bes'n paar Fasanen unner den Käfig satten. Dann trocken wi dat Pinnken weg un de Fasanen satten fast.

Kaniens jagen was'n Wiärks föer „Spezialisten". De funn'n de Kaniens in'n Buschk un in'ne Wischk boll jüst so guet äs'n Jagdrüer. Düsse Spezialisten schmeeten sick up dat Kanien un fongen et met de Hand. Kaniens wuorn auk vuel met'n Frettken fangen. Dat gong so: An de eene Siet von'n Kanickelbau wuor'n Sack vörstoppt un an de anner Siet dat Frettken in den Bau laoten.In siene Naut sprung dat Kanien in den Sack un was fangen.

Ne rüeklosse Art von Wilddeiwen was dat Schlingenstellen. Dat daihn aowwer auk män bloß Lü, de vuel Schmacht un wennig Achtung vör de Kreatur häern. Dat Schlingenstellen was de reinste Dierquiällerie. Up den Patt, wao de Rehe, Hasen un Kaniens ümmer her laipen, stellden Wilddeiws Schlingen ut dünn´n Draoht up. Wenn dao so´n arm Dier met´n Kopp in kamm, moss et jämmerlick an´n Daut kuemmen.

De Tiet von 1950 bes vandag

In de füftiger Jaohre fong dat an, wat´m met „Strukturwandel" beteekent. Alle schwaoren Knuo-

De iärsten Treckers kammen so üm 1950 up de Höef.

kenarbeiten wuorn nao un nao von Maschinen üöwernuommen. Dat was to´n Biespiell dat Melken, dat Mäststreien un vör allem de Erntearbeiten.

29

Besünners de Getreideernte wuor lichter döer de Sölwsbinners.

Läter kammen de Maihdüörschkers up. Vandag kann een Maihdüörschker mähr in eene Stunn maaken äs fröher 200 Mann met de Hand.

Nao de Währungsreform, de an den 20. Juni 1948 maakt wuor, kammen aal boll de iärsten Treckers un anner Maschinen up de Höef. De iärsten Treckers, dat wassen to'n Biespiell de Elfer Deutz met jämmerlicke elf PS un de Lanz Bulldog, de man aal von wieden an sien deipe „Buff, Buff,Buff..." häöern konn. De technischke Fortschritt mook et müeglick, dat de Arbeiten up de Höef von ümmer wenniger Lü maakt wäern konn'n.

So von 1950 an verlaiten ümmer mähr Knechte un Miägde de Buernhöef. Et gaff waoanners wier mähr un auk biätter betahlte Arbeit. De Name „Knecht" is an düsse Stiär aal nich mähr richtig. Man sagg to de Knechte daomaols aal Gehilfen. Daomet soll de höggere soziale Stellung von de fröheren Knechte to'n Utdruck bracht wäern. De fröheren Miägde kreegen den Namen Stütze.

Auk de miärsten Verdriebbenen- un Flüchtlingsfamilgen verlaiten in de füftiger Jaohre de Buernhöef. Se konn'n faken wier in öhren aollen Beruf trügg gaohn of funn'n niee Arbeit.

In de füftiger Jaohre kammen auk de iärsten Autos up de Höef – vör allem up de grötteren. Et gaff auk

Buern, de aal vör den twedden Weltkrieg 'n Auto häern. Autos wassen jä – äs ick buoben aal vertällt häff – in'n Krieg an de Wehrmacht affgiebben of äs Kutschkwagen ümbaut wuorn. Äs de Krieg an End was, wuor de Motor wier inbaut. Nu gaff't aowwer boll kin Benzin. Mannicheen lait sien aolle Auto up Holtgassbetrieb ümstellen. Män dat Föhern met Holtgass was so ümständlick, dat de Lü dat boll leed wassen un leiwer met'n Kutschkwagen föhrden. Äs nao de Währungsreform niee Automodelle upkammen, wassen Buern met de iärsten, de sick 'n Auto kaupen konn'n.

De Getreideernte was fröher Knuokenarbeit. Vandag mäck dat de Maihdüörschker in kuorte Tiet.

Siet de Tiet so üm 1950 bes vandag häff't in de Landwirtschaft 'nen gewäöltigen „Strukturwandel" giebben, un de is wisse no nich an'n End. Vandag wött de miärste Arbeit von graute Maschinen maakt. Wao fröher 20 Mann up'n Hoff arbeit'den, dao mäck dat vandag de Buernfamilg alleen.

In de lesten 50 Jaohre sind auk de Erträge up'n Kamp un in de Ställ gewäöltig stieggen. Un düsse Entwicklung to höggere Erträge häff bes vandag anhollen. Daoto Biespiells: Wao üm 1950 up eenen Hektar 30 Doppelzentner Kaorn ernt't wuorn, dao sind et vandag 80 Doppelzentner. Un wao üm 1950 eene Koh 3000 Liter Miälk in't Jaohr gaff, dao sind et vandag 8000 Liter.

De graute Strukturwandel tüschken 1950 un de Jaohrdusendwende 2000 wött alleen daoran dütlick, dat et 1950 in Westfaolen no 170.000 Buernhöef gaff un in't Jaohr 2000 bloß män no 40.000.

De Lü up´n Buernhoff

In düt Kapitel vertäll ick, wecke Lü fröher up so´n Mönsterlänner Buernhoff liäwden un wu se liäwden. Wat ick beschriew, dat gelt boll föer dat heele Middelaoller un de niee Tiet bes so üm 1950. In düsse lange Tiet häff sick nämlick, wat de Lü up´n Buernhoff angeiht, nich so wahn vuel ännert.

Unner de Lü up´n Buernhoff gaff´t fröher vuel Originale. Jä, man kann säggen: Boll jeddereen was´n

Up´n Buernhoff liäwden fröher mähr Lü äs vandag.

Original. Dao gaff´t to´n Biespiell den dickköppigen Buern, de resselweerte Meerschke, den guetmödigen

Öhm, den trüen Knecht, de obstrinäötschke Tante un de flietige Oma.

De Buer

De Buer was ümmer aal de Übberste up'n Hoff. He was de Baas, de dat leste Säggen häer. Düsse besünnere Stellung von den Buern häer auk öhren Sinn. He was verantwortlick daoföer, dat de Hoff erhollen wuor un von eene Generation an de anner wieder giebben wäern konn. De Buer häer nich bloß Vörrechte. Ne, he häer auk de Verantwortung föer den Hoff un alle Lü, de up den Hoff liäwden.

De Buer satt an'n Dischk an'n Koppend. He dellde de Arbeit föer de Mannslü in un gong auk miärst bi wichtige Arbeiten vörut. So was dat to'n Biespiell bi't Maihen met de Seis.

De Meerschke

De Meerschke häer dat Kommando in't Huus. Se was föer alls verantwortlick, wat Fraulüwiärks was. De Meerschke dellde de Arbeiten föer de Miägde in. Upgaw von de Meerschke was auk de Suorg föer de Kinner, Kranken un Aollen up'n Hoff.

To de Fraulüarbeiten haor de Huusholt, dat Melken un dat Schwienefohern.

Auk bi lichtere Feldarbeiten mossen de Fraulü met anpacken. Se mossen helpen bi't Röbenverenzeln, Röbenhacken, Dießelnstiäken, Haiwenden un bi't Haiinföhern. Bi de Haiernte mossen de Fraulü up de Fohers miärst dat Packen dohn. Dat Upstiäken was Mannslüarbeit.

In'n Bau – dat was de Getreideernte – mossen de Fraulü ächter de Seis de Garben binn'n. Helpen mossen se auk bi't Upstellen von Garben in Gasten un bi't Packen von de Fohers.

In'n Hiärfst gaff't föer de Fraulü schwaore Arbeit up'n Kamp. Kartuffelnsööken was Arbeit föer Fraulü un Mannslü. Dat Utschütten von de Kartuffelköerw was Mannslüarbeit. De Fraulü mossen auk bi't Röbentrecken helpen. Dat gong mächtig in'n Puckel. 'ne schäbbige Arbeit was besünners föer de Fraulü dat Stoppelröbentrecken in'n laten Hiärfst un in'n Winter. Dann was't faken schlecht Wiär. Manks satt dat blanke Ies an de Stoppelröben.

De Kinner

Fröher häern de Familgen vuel Kinner. So'n Tropp von fief bes teihn Kinner was dat Normale. Et was aowwer auk kinne Utnahme, dat'n Kind daut gong.

Wenn'm vandag de Kinner vertällt, wu wi fröher äs Buernkinner upwassen sind, dann könnt se dat gar nich glaiben. Et gaff kinne Autos, kin Fernsehen, kinne Appelsinen, kinne geheizten Schlaopstuobens un boll kinne Spiellsaaken. Daoför gaff't aowwer föer de Kinner up'n Buernhoff 'ne kleine heele Wiält. De Kinner wossen in'nen grauten Tropp von Blagen un tesammen met de vuellen annern Lü up'n Hoff up. Up so'n Buernhoff liäwde man no midden in de Natur un met de Natur. Aal de kleinen Kinner kreegen den Wessel von Liäben un Daut, von Wassen un Vergaohn, von Saihen un Maihen met.

Üm de kleinen Kinner konn'n sick de Öllern

De Buernfamilgen häern fröher vuel Kinner.

wiägen de vuelle Arbeit up'n Hoff wennig kümmern. Dat Ertrecken von de Kinner was Upgaw von alle

Lü up´n Hoff – besünners von de Bessmoder un de Bessvader. Mi däch no guet, dat ick bi mienen Opa up´t Knei an´t Härdfüer satt. He raukde siene lange Piep un sung manks dat aolle Leed: „Napoleon, du Schustergeselle...“

To siene Piep ´n klein Geschichtken:

Mien Broer un ick häern em – äs he sick äs eenmaol wier ´ne Piep anstoppde – Wiehrauk tüschken den Tabak mischket. Äs he an de Piep trock, miärkde he faorts an den afscheilicken Rüek, dat wi Jungs em wat in de Piep daohn häern. Dat is us nich guet bekuemmen. He trock us unner dat Bärr weg, wao wi us verstoppt häern, un wi kreegen Schliäg.

An´n Dischk mossen wi föer un nao dat Iätten biäden. Opa daih vörbiäden. Wenn wi Kinner nich met Andacht derbi wassen, namm he stillkes sienen Hoot, de niäben em lagg, un trock us daomet een üöwer´n Kopp. Daobi raip he tüschken sien Biäden: „Biäd Di, Du häs´t no wuel nairig.“

´n graut Plässeer was´t föer us Kinner, met Oma un Opa in´n Ponywagen nao de Verwandten hen te föhern. Dann droffen wi dat Pony met de Lien kutschkern. Opa sung met us Leeder un vertällde von düt un dat. Von jedden Hoff, an den wi vörbi kammen, wuss he wat te vertällen.

De Schoolkinner mossen up´n Hoff aal bi lichtere Arbeiten methelpen. So mossen wi äs Kinner in´n

37

Stall de Trüög rein maaken un dat Foher föer dat Veeh heran haalen. Samsdaggs mossen wi bi´t Hoffafkehern helpen. Un dann gaff´t vuel kleine Arbeiten, wao Kinner met anpacken mossen, so to´n Biespiell Sack uphollen, Küh ümdrieben, Holt föer´t Füer haalen, Schliepsteen dreihen, Eier sööken, Höhner, Gais un Iänn´n fohern.

Auk bi Arbeiten up´n Kamp mossen wi Kinner methelpen, so bi´t Röbenverenzeln un Röbenhacken, Dießelnstiäken, Kartuffelnsööken unVeehhöden.

Düftig met anpacken mossen wi Kinner bi de Getreideernte. Dao mossen wi de Piär, de den Sölws-binner trocken, kutschkern un bi´t Upstellen von de Garben helpen. Bi´t Inföhern mossen wi de Piär, de den Erntewagen trocken, stüern un bi´t Afladen von de Fohers de Garben wieder schmieten.

De schwaore Arbeit, de wi aal äs Kinner dohn mossen, häff us nich schad´t. Wi häbt von Kind an Arbeiten lärt un sind taoh upwassen. Dat häff us föer´t Liäben mähr metgiebben äs wat mannich verwiennte Blag vandag von´t Öllernhuus metkrigg.

De Kinner lärden aal fröh, Verantwortung te üöwer-niemmen. So häer bi us an Huus jeddereen von us Kinner de Verantwortung föer bestimmte Suorten von Kleinveeh. Ick moss de Gais versuorgen. Daobi was´t vör allem wichtig, dat ick de jungen Gais aobends in´n Stall dreew un naotällde, of auk kinne Gaus feihlde.

Wenn so´ne junge Gaus buten bleew, was de Gefaohr graut, dat se nachts von Ratten upfriätten wuor.

Upgaw von alle Kinner was´t, nao de Höhner te kieken un Eier te sööken. De Höhner laipen üöwerall up´n Hoff herüm un laggen öhre Eier auk an verstoppte Stiärn – so up´n Hai- un Strauhbalken. Nich alle Nöster konn´n wi finn´n. So kamm´t vör, dat sommerdaggs manks ´ne Kluck met´n Stück of teihn Küken heran laupen kamm. Se häer öhr Nöst an´ne verstoppte Stiär maakt un sick an´t Bröden giebben.

Bi all de kleinen Pflichten bleew us aowwer auk no Tiet to´t Spiellen. Et wassen anner Spiells äs vandag, wao Öllern öhre Kinner düer Spielltüüg kaupt un de Kinner Stunn´n lang vör´t Fernsehen sitt´t. Fröher häern de Kinner ümmer iärtlicke Süsters un Bröers to´t Spiellen. Hento kammen de Kinner ut de Naoberschopp. Dao kamm gau so´n Tropp von 15 Blagen bineen.

Ideen to´t Spiellen häern de Kinner ümmer. Verstoppenspiellen un „Raiber un Schandarm" wassen up´n Mönsterlänner Buernhoff met de vuellen Schüern, Schoppens, Balkens, Ställ, Kammern, Büschk un Strüük ´n graut Vergnögen. Anner Spiells wassen Hetzball, Völkerball, Knickern, Iesklautschmieten, Seelkenspringen un Hinke-Pinke. In´t Fröhjaohr mooken wi us ut Hollunnerstöckskes Piepen. In´n Winter freiden wi Kinner us up Schlittschohlaupen un

Schlieenföhern. An de langen Aobende wuor faken Karten spiellt. Auk Müelken un Dame mooken Spass. De Wichter spiellden faken met Puppen. Wenn dat'n Jung daih, wuor he von de annern Jungs utlacht.

De Kinner wuorn von klein an in den christlicken Glauben ertrocken. Aobends vör't Inschlaopen mossen wi biäden un genau so muorns nao't Wackewäern. Sunndaggsmuorns föhrden wi met use Öllern in'n Kutschkwagen nao de Kiärk. Naomerrags mossen wi no maol in de Kiärk to de Christenlähr. Alle veer Wiärk mossen wi hen bichten. Wi armen Blagen wussen miärst gar nich, wat wi so bichten sollen. Manks moss'm eenfack Sünn'n erfinn'n. Ick kann mi

De Kinner lärden – äs hier up'n Buernhoff in Sprakel bi Mönster – aal fröh den Ümgang met Piär.

guet denken, dat use Pastor in'n Bichtstohl manks gneest häff, wenn wi use Sünn'nregister uptällden.

Wi Kinner wuorn auk anhollen, Missdeiner te wäern. Dat was föer us Jungs 'ne graute Ehre. Män dat Missdeinen was auk met fröh Upstaohn verbunn'n. Wiärkdaggs gong de Miss üm verdel nao siebben loss. Wi Jungs ut de Buerschopp mossen dann aal üm kuort nao sess Uhr ut'n Huus gaohn.

Jüst so äs vandag kammen fröher de Kinner met sess Jaohre in'ne School. Föer de kleinen I-Dötzkes was de Schoolwägg aal faken 'ne graute Anstrengung. Dat gelde besünners föer de Kinner ut de Buerschopp. Et gaff daomaols no kinne Schoolbusse, de döer de Buerschopp föhrden. De Kinner gongen te Foot – un dat bi Wind un Wiär. De Wiäg wassen schlecht.

Von usen Hoff nao de School in Billerbieck wassen et veer Kilometer. Föer eenen Wägg bruukden wi boll eene Stunn. In de Buerschoppen, de wiet von't Duorp of von de Stadt af laggen, gaff't Buerschoppschoolen. So was de Schoolwägg nich so lang.

De miärsten Kinner bleewen von de iärste bes to de achte Klasse in de Volksschool. Dat'n Kind up de höggere School gong un Abitur mook, was de Utnahme. Von mienen Jaohrgang – dat is 1938 – wassen wi in de Volksschool in Billerbieck rund 40 Jungs. Daovon häbt män bloß twee Abitur maakt.

Wenn de Kinner met 14 Jaohre ut de School kammen, gongen de miärsten in de Lähr. In de füftiger Jaohre von dat leste Jaohrhunnert was't auk aal guet müeglick, 'nen annern Beruf te finn'n äs in'ne Landwirtschaft. Dat „Wirtschaftswunder" kamm daomaols antoch. In fröhere Tieten was't schwaor, 'nen annern Beruf äs in'ne Landwirtschaft te kriegen. De Buernkinner häern faken kinne anner Wahl, äs up'n Hoff te blieben. of äs Magd of Knecht up'n annern Hoff te trecken.

De Bessvader un de Bessmoder

Wenn de Buer den Hoff an den Suon üöwerdriägen häer, dann liäwden de aolle Buer un siene Frau wieder up'n Hoff. Man beteekende dat äs Aollendeel. De Aollendeeler häern 'ne Masse Rechte. Düsse Rechte wassen miärst gans genau in den „Übergabevertrag" fastleggt. Dao stonn to'n Biespiell drin, dat de Aollendeeler dat Recht häern, jedden Sunndagg met 'ne blanke Kutschk nao de Kiärk hen föhert te wäern. Auk häern de Bessvader un de Bessmoder dat Recht, tietliäbens up'n Hoff te wuenen un versuorgt te wäern. „Hege und Pflege in gesunden und kranken Tagen" – so lutt dat in dat Avkaotendütschk.

Wenn de Öllern von den jungen Buer up't Aollendeel trocken, dann arbeit'den se so guet äs't gong wieder up'n Hoff met, un dat miärst bes in't hauge Aoller. Auk wenn se aal an't Krüekeln wassen, gaff't ümmer no noog Arbeiten, de se dohn konn'n. Se konn'n to'n Biespiell Kartuffeln schällen, Kinner verwahern, Kohpott stuoken un Hoff afkehern. To de Arbeit von de Bessmoder haor auk dat Söckenstoppen, Flicken un Stricken.

De Öhms un Tanten

Up de miärsten grötteren Höef in´t Mönsterland wassen fröher Öhms un Tanten. Wu kamm dat?

Von de vuellen Kinner, de de miärsten Buern-familgen häern, konn bloß een den Hoff iärwen. De annern Kinner mossen sick ´nen Beruf sööken un von´n Hoff aftrecken. Wenn dat nich klappde, konn´n se äs Öhm of Tante up´n Hoff blieben. Dat gong aowwer auk män bloß up de grötteren Höef, wao noog Arbeit was. So wassen up de klänneren Höef selten Öhms un Tanten.

´nen annern Beruf te finn´n äs in´ne Landwirtschaft was in fröhere Tieten boll nich müeglick. De miärsten Lü arbeit´den no bes an´t End von´t 19. Jaohrhunnert in de Landwirtschaft.

Iärst so von 1950 an wuor et föer de Buernkinner lichter, ´nen annern Beruf te finn´n. Von de Tiet an gaff ´t up de Höef ümmer wenniger Öhms un Tanten.

Well in nieere Tieten nich äs Öhm up´n Hoff blieben wull un dat Talent to´t Studeern häer, de wuor faken Pastor. Dat gong aowwer auk män bloß, wenn de Öllern dat nairige Geld föer dat Studium upbrängen konn´n.

Wichter, de nich äs Tante up´n Hoff blieben wullen, gongen faken in´t Klauster. Et wuor äs Siängen föer den Hoff anseihn, wenn een von de Kinner Geistlicker wuor of in´t Klauster gong. Auk de Pastor in´t Duorp soog dat gärn. Mi däch no, dat de Probst von Billerbieck nao usen Huus hen kamm, äs ick mien Abitur maakt häer. He küerden met miene Öllern vörsichtig daorüöwer, of ick nich up Pastor studeern wull.

Äs Öhm of Tante up´n Hoff te liäben häer so siene twee Sieten. Dat Guette: Se häern tietliäbens Wuenen un Iätten up den öllerlicken Hoff. Dat Laige: Se mossen föer wennig Lauhn tietliäbens up´n Hoff arbeiten. In de Rangordnung stonn´n Öhms un Tanten unner den Buern un de Meerschke, aowwer üöwer de Knechte un Miägde. Daoto äs´n Biespiell: Wenn´t winterdaggs up Vesiet gong, dann föhrden miärsttiet de Buer un de Meerschke alleen loss. De Öhm of Tante moss an Huus blieben un arbeiten.

Föer öhre Arbeit kreegen Öhms un Tanten nich vuel Geld. So´n Öhm kreeg – so sagg´m daomaols lück spöttschk – in eene Wiärk „füftig Penning un´n rein Hiemmd".

De Knechte, Miägde un Küötters

Küötters gaff´t bloß up de gans grauten Höef. Faken häern de grauten Buern mährere Kuottens. De Küötter häer den Kuotten un´n paar Muorgen Land von den Buer pacht´t. He holl een of twee Küh, ´n paar Schwiene, Höhner un anner Kleinveeh. De Küötter moss up'n Hoff metarbeiten. He konn aowwer dat Land, wat he pacht't häer, met Piär un Gerai von'n Hoff beackern. Küötters konn'n – anners äs Knechte

Buernkuottens häern bloß de gans grauten Höef. De Küötter häer den Kuotten met'n paar Muorgen Land von den Buern pacht't.

– öhren eegenen Huusstand häbben un hieraoden.

De grötteren Höef häern miärsttiet Knechte un Miägde. De kammen von klännere Höef un Kuottens. Dao gaff't eenfack föer de Kinner, de met 14 Jaohre ut de School kammen, nich noog Arbeit un nich noog te iätten. Wenn de Kinner de Schooltiet an'n End häern, dann bleew öhr nich vuel anners üöwer äs bi'n Buer äs Knecht of Magd antefangen. Daomet häern se wennigstens 'n Dack üöwer'n Kopp un wat te iätten.

Un dat was in de schlechten Tieten, wao vuel Lü an't Schmachten wassen, aal ne gansse Masse.

Tüschken de Knechte un auk tüschken de Miägde gaff't 'ne klaore Rangordnung. Dao was de Grautknecht – de wuor auk wuel äs Baumester beteekent –, de Föherknecht un de Jungknecht. Bi de Fraulü was dao de Grautmagd, de Jungmagd un dat Küekenwicht.

De Knechte un Miägde kreegen wennig Lauhn. To'n Biespiell kreeg de Grautknecht up den Hoff Schulze Vasthoff in Asbieck üm 1900 herüm achzig Daler in't Jaohr. Dat was de Wärt von eene Koh. Well daih vandag no föer wenniger äs tweedusend Euro in't Jaohr arbeiten?

Knechte un Miägde häern aowwer daomaols aal dat, wat vandag unner den Namen „soziale Absicherung" löpp. Se konn'n, wenn se wullen, öhr gansse Liäben up'n Hoff blieben – auk, wenn se aolt un krank wassen. Up de anner Siet mossen se auk no in't Aoller metarbeiten – so guet äs't gong.

De Naobers

To dat Liäben up'n Mönsterlänner Buernhoff haor fröher de enge Tesammenholt in de Naoberschopp. Et was jä fröher unbedingt nairig, dat sick de Naobers bi bestimmte Arbeiten un in Nautfälle unnernanner holpen. Daoto 'n paar Biespiells:

Bi´t Dammdüörschken moss´m ´ne Masse Lü häbben. De Naobers pocken met an.

Bi´t Richtfest un bi´t Uphangen von Dackpann´n bruukde man vuel Hann´n.

Wenn´n Hoff affbrannt was, konn´n Lü un Veeh bi Naobers unnerkuemmen.

Wenn bi Daut un Krankheit de Arbeit nich schafft wäern konn, sprungen de Naobers in.

Bi Kindtaufe, Hochtiet un Beerdigung üöwernamm de naichste Naober dat Föhern met´n Piärwagen.

De Naobers hollen in guette un schlechte Tieten bineen. Dat was gra bi Mallöers wichtig. Versieckerungen gieggen de vuellen Risiken up so´n Buernhoff gaff´t daomaols no wennig.

Wu wichtig Naobers in fröhere Tieten wassen, kümp in mannich Sprüek to´n Utdruck:

„Up´n Patt nao Naobers Huus draff kin Gräss wassen."

„Biätter ´n guetten Naober äs´n wieden Frönd."

„Well Gott straofen will, de schickt he ´nen laigen Naober."

De Verwandten

De Buern in´t Mönsterland hollen von aollers her alltiet engen Kontakt met öhre Verwandten. Man

48

besaoch sick gieggensietig faken. Besööktiet was vör allem de arbeitsarme Tiet in'n Winter. Dat was auk de hauge Tiet von de Vesieten.

So'ne Vesiet up'n Buernhoff gong miärsttiet so üm drei Uhr naomerrags loss. Dann kammen de Verwandten, de to de Vesiet inladen wassen, met Kutschkwiägens anföhern. Vör de Kutschk was miärst 'n Arbeitspiärd vörspannt – so'n dick Kaoltbloot von Belgier. So'ne dicke Minka lait

Nao de Verwandten föhrden de Buern met'n Kutschkwagen. So was dat auk no in de nieere Tiet, äs hier 1959 in Nienbiärge.

sick nich ut de Ruhe brängen un trock de Kutschk in so'nen langsamen Draff. De Kutschkfahrt duerden manks mähr äs eene of auk wuel twee

Stunn´n. Denn de Verwandten wuenden faken mähr äs teihn Kilometer utneen. Wenn nu de Kutschk up´n Hoff kamm, dann stonn aal een von de Knechte praot, üm dat Piärd uttespann´n un up de Diäll antebinn´n. Teiärst satten sick de Fraulü un Mannslü tehaup an´t Härdfüer, wao´n extrao graut Füer an´t Briän´n was. Daobi wuor dat Nieste vertällt. Dann wuor guet Kaffee drunken. De Dischk daih sick von all de vuellen Koken boll beigen. Et was de Stolt von de Meerschke, dat all de schönen Torten sölws backt wuorn wassen.

Nao´n Kaffee gongen Fraulü un Mannslü utneen. De Mannslü gongen nao de Diäll hen un bekeeken dat Veeh. Teiärst wassen de Piär an de Rieg. Se wassen ümmer aal den Stolt von´n Hoff. De Arbeitspiär wuorn een nao´n annern ut´n Stall haalt un up de Diäll vörstellt. Et versteiht sick von sölws, dat de Piär muorns akraot blank putzt wuorn. Dat Fell moss glänssen un dao droff kin biettken Driet of Stoff in´t Fell sitten. De Mannslü kontrolleerden genau, of nich no´n Spierken Strauh in´n Piärstiärt satt. Döer den Kohstall gong´t aal wat ieliger un met´n Schwienestall wassen de Vesieten-Mannslü no äher färrig.

Et juckden öhr dann auk aal in de Finger, no vör´t Aobendiätten ´nen scharpen Doppelkopp te spiellen. Daobi gong´t mächtig rund. Alle wassen an´t Sigarrenschmaiken, so dat vör lutter blaoen Dunst de een nich mähr den annern seihn konn. Jedder häer'n Schnapspinnken vör sick staohn. Well'n guet Spiell wunn'n häer, daih sick iärst äs een in'n Nacken schlaon.

De Fraulü gongen nao't Kaffeedrinken in den besten Stuoben un günnden sick'nen Upgesetten. Daobi wuor de Tung no losser. Wat un well wuor dao nich döer de Hieckel trocken! Bi't Aobendiätten gafft wier üörnlick wat up'n Dischk. Et wuor nich an Fleeschk un Eier spart.

Nao't Aobendiätten föhrden de Buern auk wanners wier nao Huus. Dat daihn vör allem de, well no'n wieden Wägg vör sick häern. Dat Anspann'n daih wier de Knecht. Daoföer kreeg he auk miärsttiet 'n klein Drinkgeld.

In'n Düstern den Wägg nao Huus hen te finn'n, was miärst kin Problem. Vörn an'n Kutschkwagen bronn'n twee Petrolg- of Karbietlampen. Up de holprigen Wiäg gafft boll kinn'n Verkehr. Dat Kutschkpiärd wuss den Wägg nao Huus hen von alleeen. Kutschkern was boll nich nairig. De Lien hong döer.

Mallöer gafft manks, wenn dat Piärd 'ne Kurve te eng namm un de Kutschkwagen in'n Graben stüört'de. Dat konn passeern, wenn dat Piärd unverhofft in'n Twiärswägg inbogg un de Kutschker dao gar nich met riäkent häer. Wenn sick de Buer dann frogg, waorüm dat Piärd jüst an düsse Stiär afbuogen was, dann stellde sick herut, dat de Buer aal fröher genau an düsse Stiär von de Straot afbuogen was. Dat Piärd häer sick also den Afwägg miärkt. Daomaols äs kleine Blag häff ick mi aal ümmer daorüöwer wünnert, wat Piär föer'n guet Gedächtnis häbt.

De Spraok

To miene Kinnertiet wuor up de Buernhöef bloß platt küert. Äs ick 1944 in'ne School kamm, konn ick biätter platt küern äs hauchdütschk. Hauchdütschk was eenlick miene iärste Früemdspraok. Aowwer ick häer't vellicht 'n biettken lichter äs mannich anner I-Männken. Use Moder was nämlick daorup bedacht, dat wi aal äs kleine Blagen Hauchdütschk lärden. Denn so – dat männ use Moder – konn'n wi in'ne School biätter metkuemmen.

Dao was aowwer vellicht auk no'n annern Ge-

Wenn fröher de Lü bineen satten, wuor bloß platt küert. So was dat auk no, äs düt Beld 1963 in Flaesheim maakt wuor.

danken drächter: Dat Plattdütschk wuor von vuel

53

Lü äs groff un unfien anseihn. Well´n biettken fiener sien wull, de daih dat auk daomet wiesen, dat he hauchdütschk küerde. Un fiener sien, dat wullen vör allem de Buern up´n Klai.

So dach wisse auk use Moder, dat´n Suon von´n Schultenhoff up´n Klai vör allem hauchdütschk küern soll.

Up´n Klai konn´m aal to miene Kinnertiet mähr Hauchdütschk höern äs up´n Sand. De Buern up´n Sand un de Buern up´n Klai häern ´ne lück unnerscheidlicke Iärse. De Klaibuern küerden faken minnächtig von de armen Sandbüerkes. Up de anner Siet küerden de Sandbuern von de splienigen Klaibuern. Düsse unnerscheidlicke Iärse von daomaols kann´m auk vandag no manks miärken. So wött auk vandag up´n Sand no mähr platt küert äs up´n Klai.

Ut de Sicht von vandag mott´m säggen, dat de Mönsterlänner öhre schöne aolle Moderspraok – dat Mönsterlänner Platt – ohne Naut vuel te lichtfärrrig upgiebben häbt. De Gefaohr is graut, dat use schöne aolle Platt utstäff. Daomet stäff auk ´n Deel von use Iärse. Vandag küert se von „Identität". Et wüör scha, wenn use Identität äs Mönsterlänner verloern göng!

Wenn use Mönsterlänner Platt utstäff, dann stäff auk ´n Stücksken von use Mönsterlänner Heimaot. Dat wött gra dann dütlick,wenn´m äs in de Früemde is un ´nen Mönsterlänner drepp, met de´m platt küern

54

kann. Dann freit´m sick. Un dann is´m in Gedanken wier an Huus.

In den Norden von Dütschkland wött no vuel mähr platt küert äs in´t Mönsterland. Auk use Naobers in den Süden häbt dat met öhre Moderspraok biätter maakt äs wi Mönsterlänner. Kümms äs nao Bayern, dann häörs no faken dat deftige Bayrischk. Un de Schwaoben denkt nich daoran, met dat „Schwäbeln" uptehäöern. In de Schweiz küert se Schwyzer Dütschk, se schriewt aowwer hauchdütschk. Dat is auk ´n Biespiell daoföer, dat´m platt küern, apatt hauchdütschk schriewen kann.

Us wullen se äs Blagen föer wies maaken, dat´m bloß hauchdütschk schriewen könn, wenn´m et auk küert. Dat is verkatt. Dat süht´m auk, wenn´m de Englänners un Franzosen bekick. De küert auk anners äs se schriewt.

Aowwer nu trügg to dat Plattküern up´n Mönsterlänner Buernhoff. No bes so üm 1950 wuor up de Buernhöef bloß platt küert. Wenn´n Buer anfong, hauchdütschk te küern, dann wuor he von de annern schraot ankiecken. Dann dachen of saggen se, dat em wuel de Splien in´n Kopp stieggen wüör. Höchstens so´n „Latienschken Buer" konn dat in´n Sinn kuemmen, hauchdütschk te küern.

Auk de Kinner küerden unner sick bloß platt. Hauchdütschk lärden de Kinner iärst in de School un in de Kiärk. Daomaols wuor bi de Miss auk no vuel in Latien biäd't – so to'n Biespiell dat Pater noster, Agnus Dei un Tantum ergo.

Platt küerden auk de Lü in de Düörp un in de klänneren Stiäde. Jeddereen konn dat Platt wennigstens verstaohn. Well't met de Buern te dohn häer, de moss auk platt küern könn'n. Süss konn he kinne Geschäfte met öhr maaken.

Iärst nao den twedden Weltkrieg kamm ümmer mähr dat Hauchdütschk up de Höef. Dat kamm vör allem daovon, dat in düsse Tiet vuel Lü ut anner Gieggenden un ut de Stiäde up de Buernhöef kammen. De Vertriebbenen un Flüchtlinge ut'n Osten konn'n kin Platt verstaohn. Genau so wennig konn'n dat de miärsten Evakueerten ut de utbombten Stiäde. Hento kamm, dat Plattküern mähr un mähr äs rückstännig un wenniger gebildet anseihn wuor.

Dat Mönsterlänner Platt was nich üöwerall gans gliek. De Utspraok von manniche Wäör wesselte faken von Duorp to Duorp. Unnerscheide in de Utspraok von enzelne Wäör gaff't besünners tüschken dat Klaiplatt un dat Sandplatt. Aowwer dat was kin Problem. Jeddereen konn den annern guet verstaohn. Dat was auk nairig, denn de Lü ut de enzelnen Gieggenden von dat Mönsterland häern vuel Kontakt unnernanner.

De Buernhüüs

De Mönsterlänner Buernhoff häer fröher miärst een graut Langhuus, wao Menschk un Dier unner een Dack tesammen liäwden. Man beteekende dat äs „niederdeutsches Hallenhaus". In gans fröhe Tieten was düt Langhuus miärst dat enzige Gebaide up'n Hoff. In't Middelaoller kammen mähr Gebaide hento. Dat wasssen 'ne Schüer, 'n Schwienestall, 'n Backhuus, 'n Wagenschoppen un'n Schaopstall. Dat Backhuus moss 'n biettken afsiet von dat Haupthuus staohn, daomet de Gefaohr von Brand nich so graut was. Den Schwienestall wullen de Buern nich so naig an dat Wuenhuus häbben von wiägen den Rüek.

Bes in dat Middelaoller bestonn dat Buernhuus bloß ut eenen grauten Ruum. Menschk un Veeh wassen in düssen Ruum unner een Dack bineen. Alls spiellde sick in düssen eenen Ruum af, so dat Düörschken met'n Düörschkflieggel, dat Versuorgen von dat Veeh, dat Kuoken, dat Spinn'n, de Fieeraobend an't Härdfüer un natürlick auk dat Fieern von Feste, so äs to'n Biespiell 'ne Hochtiet.

Dat Guette an den eenen Ruum was, dat in'n Winter döer dat Veeh auk de Wuendeel met heizt wuor. Auk konn'm dat Veeh biätter üöwerkieken un beobachten. De Buer un de Meerschke schlaipen in'n Schrankbärr – waoto man in Hauchdütschk Alkoven sägg. Von'n Bärr ut konn'n de Menschken auk nachts faorts seihn of häöern, of wat met dat Veeh nich in Uorder was. De Knechte un Miägde schlaipen up Büens. De Büens föer de Knechte laggen üöwer de Veehställ.

In lätere Tieten wuor de Wuendeel von den Veehdeel aftrennt. So entstonn de Wuendeel, dat Fleet, un de Veehdeel, de Diäll. Von dat 18. Jaohrhunnert an wuorn in dat Fleet auk aal Stuobens afdellt. So gaff't von düsse Tiet an Schlaopstuobens un den besten Stuoben föer Besöök.

Üöwer dat Härdfüer was'n Bosen met'n Schuorsteen drüöwer inbaut, daomet de Qualm biätter aftrecken konn. De gans aollen Buernhüüs

De Hoff Schulze Vasthoff in Billerbieck üm 1950. Daomaols liäwden up den Hoff 26 Lü.

58

häern no kinn'n Schuorsteen. Man kann sick vörstellen, wu dat in't heele Huus schmüelde.

Dat Veeh stonn up beide Sieten von de Diäll. Et gaff de Kohsiet un de Piärsiet.

In dat „niederdeutsche Hallenhaus" liäwden de Lü dicht bineen. Man was den heelen Dagg un auk aobends bineen. Dao moss jedder up den annern Rücksicht niemmen. Süss gaff't Striet. Un de gaff't unner de Lü up'n Buernhoff nich selten.

Et moss jedder Ordnung hollen. Up'n üörnlicken Buernhoff was kin Dier un kin Deel, wat nich siene faste Stiär häer. Bloß so konn'n de vuellen Lü metnanner liäben un arbeiten.

Iätten daih man an'n langen Dischk, de an de Wand tieggen dat Härdfüer stonn, of in'ne Kuokküek. De Buer satt an'n Dischk vör Kopp. Ächter em was dat Brautschapp. Tieggen em üöwer Eck satt siene Frau, de Meerschke. Dann kammen an de Manslüsiet de Baumester of Grautknecht, de Kleinknecht un de Piärjung. An de Fraulüsiet kamm nao de Meerschke iärst de Grautmagd, dann kammen de Kleinmagd un dat Küekenwicht. De Kinner satten irgendwao dertüschken.

Spaorsam gong'm met Holt un Kuollen üm. In'n Winter was't in de Buernhüüs kaolt. Warm was't män bloß an't Härdfüer un in'ne Kuokküek. Besünners de Schlaopstuobens wassen ieskaolt. De

Bärren wassen kaolt un klamm. Mi däch no, dat in mienen Schlaopstuoben an de Dieck de Ruhfuorst glizerde un an de Fensters de Iesblomen satten. Üm 'n biettken Wüörmde unner de Bärrdieck te kriegen, nammen wi 'ne Kruk met heet Water of'n heeten Steen, de in Döök inwickelt wuor, met in't Bärr.

Dat Iätten un Drinken

Dat Liäben up´n Mönsterlänner Buernhoff was fröher nich eenfack. Man häer miärst noog daomet te dohn, met dat, wat von´n Kamp un ut´n Stall kamm, uttekuemmen. De Ernten wassen sieg. Dat gelde besünners föer de Höef up´n Sand. Iärst äs de Kunstdünger so üm 1900 upkamm, braochen de lichten Sandbüödens biättere Erträge. Auk bi´t Veeh wassen de Erträge sieg. Wenn so´ne Miälkkoh äs 2000 Liter in´t Jaohr gaff, dann was´t aal vuel. Bi´t Kaorn wassen 15 Doppelzentner von´n Hektar aal guet.

Üm de vuellen Iätters up´n Hoff satt te kriegen un todem no wat verkaupen te könn´n, wuor spaorsam wirtschaft´t un liäwt. ´n Sprüek sägg: „Up´n guetten Buernhoff kümp nicks weg."

Schmachterie gaff´t in de nieere Tiet so af 1900 up de miärsten Buernhöef nich mähr. Aowwer et wuor auk no in´t 20. Jaohrhunnert spaorsam kuokt. Et gaff mähr Masse äs Klasse.

Up´n Dischk kammen vuel Speck, Kartuffeln, Pannkoken, Knabbeln, Fettsoppen, Wuorstebraut, Pannas un Braut. Fleeschk un Eier gaff´t nich so faken. De Eier wuorn miärst verkofft. Dat Eiergeld kreeg de Meerschke. Daovon moss se dat, wat föer´n Huusholt inkofft wäern moss, betahlen. Man sagg so met'n Gneesen: „Wenn up'n Buernhoff 'n Hohn schlacht't wött, dann is entwedder dat Hohn krank of de Buer." Dat gansse Iätten kamm von'n Hoff. Fleeschk kamm von eegene Diers, de schlacht't wuorn.

Et gaff vuel witten Stuten un Knabbeln. Wittbraut wuor sölws in'n Backuoben backen. De Backuoben was ut Backsteen müert un wuor met Buuschken stuokt. Wenn de Uoben heet was, moss de Gloot met'n Schüwer heruttrocken wäern. Dann wuor de Deek von den witten Stuten met den Schüwer

Witten Stuten un Knabbeln wuorn up'n Hoff in'n Backuoben backen.

herinschuoben. Von'n Deel von de Stutens wuorn Knabbeln backen. Dat gong so, dat de backten Stutens utnanner bruoken wuorn un no eenmaol in den heeten Backuoben kammen.

De Backuoben stonn miärst in de Schwieneküek. Dao stonn auk de graute Pott, wao de Schwienekartuffeln drin kuokt wuorn. In gans fröhe Tieten stonn dat Backhuus auk wuel afgeliägen föer sick alleen. Dat häer auk sienen Sinn. Denn daomet was – äs ick aal säggt häff – de Brandgefaohr föer den Hoff nich so graut.

Schwattbraut un auk Roggenbraut wuorn miärst von'n Bäcker kofft. De kreeg dat Miäl föer't Backen von den Buern. Buotter un Kais wuorn auk sölws maakt.

Kofft wäern mossen bloß Gewürze, Bauhnenkaffee un Kleinkraom föer'n Huusholt.

Muorns to't iärste Fröhstück so üm siebben Uhr gaff 't Knabbeln met Miälk. In'n Winter kamm in de ingeweekten Knabbeln auk no üörnlick Fett. Düsse Mischkung häer den Namen Fettsoppen. De holl in'n kollen Winter biätter föer äs Knabbeln. To't twedde Fröhstück so üm nieggen Uhr herüm kamm Braut un Speck up'n Dischk. In'n Winter gaff't Wuorst un Wuorstebraut. To Wuorstebraut sagg man auk wuel Möppkenbraut.

To't Märragiätten kamm ümmer üörnlick wat up't Brett – to'n Biespiell kuokte Kartuffeln, Braotkartuffeln, Speck, Iärftensupp, Suermoos, dicke Bauhnen un manks auk Fleeschk.

Sunndaggs gaff´t ümmer ´n guetten Braoden.

Naomerrags so üm veer Uhr gaff´t Kaffee un Buotterams met Wuorst un Kais. Wenn de Manslü up´n Kamp an´t Arbeiten wassen, dann wuor öhr den Kaffee up´t Land bracht. Dat was auk wier ´ne Upgaw föer een von de Kinner.

Sunndaggsnaomerrags gaff´t auk Koken. Dat wassen vör allem Sandkoken, Ieserkoken un Twieback – fröher äs „Beschüt" beteekent.

Dat Aobendiätten was ümmer rieklick un deftig. Et gaff Braotkartuffeln, Kartuffelplätzkes of Pannkoken. Auk kamm dat up´n Dischk, wat von´t Märragiätten üöwerbliebben was. Dat wuor aobends wier up-wüörmt. De Lü up´n Hoff häern von de schwaore Arbeit an´n Dagg aobends üörnlick Schmacht.

Auk bi´t Drinken was´m fröher spaorsam. Et gaff bi´t Iätten Miälk un Kaffee. Kaffee – dat was boll ümmer Muckefuck, de miärst von Roggen brannt wuor. Bauhnenkaffee gaff´t bloß to besünnere Geliägenheiten. Auk Beer un Wien gaff´t selten. Et was auk nich so sölwsverständlick äs vandag, dat´m sick aobends äs´n Gläsken günnt. Gärn drunk man wuel äs´n Schnäpsken of auk´n paar mähr. Dat daih´m miärsttiet sunndaggs nao de Miss in´ne Wärtschopp. Auk bi schwaore Arbeiten – so äs bi´t Düörschken of in´ne Ernte – gaff´t äs tüschkendöer ´nen guetten aollen Mönsterlänner Klaoren.

Wat föer de Mannslü de Schnaps was, dat was föer
de Fraulü de Upgesett'te. Dat is Schnaps, de met
Kassbiärn – up Hauchdütschk Johannesbeeren
– vermischket is. Beer un Wien wuorn vör allem
bi Feste so äs bi't Schützenfest of bi 'ne Hochtiet
drunken.

Dat Tüüg to´t Antrecken

Spaorsam was´m auk bi´t Tüüg to´t Antrecken. Nie Tüüg gaff´t bloß, wenn dat aolle würklick verschliedden was. Wenn so´n Mantel von buoben verschuotten was, dann wuor he wend´t, dat hätt, de Binnensiet wuor nao buten kehert. De jüngeren Kinner mossen dat Tüüg von de ölleren naodriägen. Dat was auk so bi Schoh, waovon jeddet Kind bloß een Paar häer.

Schoh wuorn aolldaggs boll gar nich antrocken. Man laip miärsttiet in Holschken. Dat daihn auk aal

Auk met wennig Tüüg to´t Antrecken konn´m sick sunndaggs fien maaken.

de Kinner. De gongen auk met Holschken in'n Winter nao de School. In'n Sommer häern se Holtkläppers an. Daomet de Holschken un Holtkläppers nich so gau aflaupen wuorn, daih man Liäderstriepens drunner nageln. Dat was bi de Holschken auk in'n Winter guet, daomet man bi Ies un Schnee nich so gau in't Rutschken kamm.

De Jungs häern in'n Winter lange Strümp un'ne kuorte Bucks an. Lange Bucksen wassen föer Kinner no nich in Mo. De Strümp wuorn met Strumpbänn an so'n Liewken fastknöppt. In't Fröhjaohr konn'n de Kinner et gar nich afwochten, dat se Kneistrümp antrecken droffen. Jedder wull müeglicks de Iärste sien, de met Kneistrümp nao de School hen gong.

To de Spaorsamkeit haor auk, dat Tüüg to't Antrecken un anner Stoffwiärks müeglicks sölws maakt un auk flickt wuorn. Söcken un Strümp wuorn sölws strickt. Dat Strickgaorn föer de Söcken kamm von de eegenen Schääp.

Winterdaggs satten de Fraulü faken in'n Spinnstuoben of wassen an't Naihen, Flicken un Sticken. De Fiädern föer de Bärren kammen von de eegenen Gais. Linn'n wuor auk sölws ut Flass maakt. Dat was vuel Arbeit. Dischkdiecken un Bärrwöschk ut Linn'n wassen de heele Stolt von'ne düftige Meerschke.

De Arbeiten

De Lü up´n Hoff mossen fröher schwaor un lang arbeiten. Dao gaff´t kinne „Fünf-Tage-Woche". Samsdaggs wuor jüst so lang arbeit´t äs an de annern Wiärkdag. De Sunndagg wuor aowwer hillig hollen. Dao wuor bloß de nairigste Arbeit maakt. Dat was dat Veehversuorgen. Aowwer süss wuor müeglicks kinne Arbeit anpackt. Man sagg, dat up Sunndaggsarbeit kin Siängen liggen daih. ´n Sprüek sägg: „Met dat Holt, dat´m sunndaggs haut, bött de Düwel de Hölle."

Nao´n langen, kollen Winter freiden sick alle Lü up´n Buernhoff bannig up dat Fröhjaohr.

In´n Märten gong´t met Piär un Gerai up´n Kamp. Dat Sommerkaorn moss saiht, de Röben mossen drillt un de Kartuffeln puort´t wäern. De Tüün von de Weiden mossen in Uorder bracht wäern.

´n grauten Dagg was´t ümmer, wenn dat iärste Veeh utdriebben wäern konn. Teiärst kamm dat Jungveeh dran un dann met Maidagg de Küh. Man was froh, dat nu de lästige Stallarbeit in düstere un dämpige Ställ an End was.

Aowwer met dat Fröhjaohr kamm auk aal vuel Butenarbeit: dat Röbenverenzeln, Röbenhacken, Kartuffelnhacken, Dießelnstiäken un wat mähr. Bi düsse Arbeiten mossen auk aal de Kinner methelpen.

De fröhe Sommer was 'ne schöne Tiet up'n Buernhoff. Et was de Tiet tüschken Haien un Maihen. Dao was nich vuel Arbeit tobuten. Dat Hai satt aal unner de Pann'n un dat Kaorn – up Hauchdütschk Getreide – moss no wassen un riep wäern. In düsse arbeitsarme Tiet, wao de gansse Natur an't Praohlen was, follen

Bi de Ernte mossen alle Lü up'n Hoff schwaor arbeiten.

auk de Schützenfeste un Hochtieten. Wu dat up so'ne Buernhochtiet togong, daovon vertäll ick läter.

De Tiet tüschken Haien un Maihen was auk 'ne Tiet to't Aohmhaalen föer de kuemmende schwaore Arbeit in de Kaornernte – den Bau.

Äs't no kinne Sölwsbinners up de Höef gaff – un dat was vör allem up de klänneren Höef no bes nao'n twedden Weltkrieg so – dao moss dat Kaorn no met de Seis of Maihmaschin schnienn'n wäern. Daonao moss et met de Hark utwältert un von Hand bunn'n wäern. Düsse Arbeiten üöwernammen in lätere Tieten de Sölwsbinners. De wuorn so bes üm 1950 von twee of drei Piär trocken. Danao kammen so allmählick de Treckers up. Dat wassen teiärst kleine Treckers met wennig PS, so äs de Elfer Deutz un de Lanz Bulldog. Äs Kinner was Treckerföhern föer us 'ne schöne Arbeit. Dat lärden wi aal in'n Aoller von nich mähr äs twiälf Jaohre.

Met de Treckers un Sölwsbinners wuor de Erntearbeit wuel lichter, aowwer et bleew 'ne schwaore Arbeit. De Garben mossen in Gasten up- stellt wäern. Wenn dat Kaorn drüüg was, gong't an't Inföhern. De Garben wuorn up den Erntewagen up- stuoken un dao verpackt. Bi dat Packen, wat miärst de Fraulü daihn, was't wichtig, dat de Garben akraot te liggen kammen, daomet dat Foher nich utnanner fallen of ümkippen konn. Wenn dat Foher vuel was, wuor'n Balken – de Wiessbaum – stramm drüöwer spannt, daomet de Garben fast satten. De Erntewagen was so'n hölternen langen Riängstenwagen.

De Fohers wuorn up'n Hoff afladen. Dat was auk wier 'ne schwaore Arbeit, besünners dann, wenn de Garben döer de Luuk up'n Balken upstuoken wäern mossen. De Buer un alle annern up'n Hoff wassen froh, wenn dat leste Foher up´n Hoff kamm.

De leste Erntewagen – auk äs Hakemai beteekent – wuor besünners met´n Erntekrans schmückt un met graut Gedoh nao Huus hen föhert. Bi´t leste Foher droffen auk de Packers up´n Wagen sitten blieben, wat süss nich sien droff – wiägen dat et gau Mallöer giebben konn. Bi all de Erntearbeiten mossen – äs ick buoben aal vertällt häff – auk aal de Kinner düftig met anpacken.

De schwaore Knuokenarbeit bi de Getreideernte was an End, äs so in de sesstiger Jaohre de Maihdüörschkers upkammen.

Wenn de Getreideernte vörbi was, fongen de Hiärfstarbeiten an. Et gong loss met Ackern. De Kämp wuorn grubbert un met´n Striekploog flack ümbaut. Dat was in fröhere Tieten gans wichtig, üm dat Unkruut kapott te kriegen. Spritzmittel gieggen Unkruut gaff´t daomaols no nich.

An schwörsten utterotten wassen de Quiecken. To´n Buer, de nich guet ackern daih, saggen se in´ne Buerschopp auk wuel spöttschk Quieckenbuer. Dat Ackern was nao dat Hassebassen in´n Bau ´ne willkuemmene geruhsame Arbeit. Dat Tempo gaffen de Piär an – un de dicken Ackerpiär laiten´t langsam angaohn.

Wehrig wuor´t up´n Hoff wier in de Kartuffelernte. Dao mossen alle Mann – of graut of klein – met anpakken. Fröher was bi de Kartuffelernte alls Handarbeit. Dat fong an met dat Utmaaken von de Kartuffeln met de Grep. So üm 1930 kammen de iärsten Kartuffelroders up. Aowwer de miärsten Höef häern erst so üm 1950 'nen Roder, un dat auk män bloß de grötteren Höef.

Dat Kartuffelnsööken was vör allem Fraulü- un Kinnerarbeit. Dao mossen auk de Kinner ut't Duorp methelpen. Aowwer dat daihn de auk gärn. Se kreegen 'n biettken Geld – dat wassen so üm 1950 twee Mark an'n Naomerrag – män wat no wichtiger was: Et gaff to'n Kaffee 'n guet Buotteram met Schinken, Wuorst of Kais. So kreegen in de Naokriegstiet, wao dat Iätten knapp was, auk de Kinner ut't Duorp düftig wat in'ne Rippen.

De Kinner mossen bi't Kartuffelnsööken üörnlicke Arbeit maaken. Well nich guet saoch un Kartuffeln liggen lait, de kreeg nutz wat te schänn'n of sogar wat an'n Latz. Dat Utschütten von de Köerw up de Stüörtkaor met'n Piärd dervör was Mannslüarbeit.

'ne schwaore Arbeit was de Röbenernte. Dat fong aal met dat Röbentrecken an. De Runkelröben wuorn von Hand ut de Äer trocken. De Röben satten faken verdorrie fast – un dat besünners up de Klaibüödens. Dat Röbentrecken was Knuokenarbeit – of biätter gesäggt Puckelarbeit. Nao'n Dagg Röbentrecken konn'm aobends den Rüggen nich mähr liek maaken. Lichter was dat Röbenafstiäken. Daobi mossen de Röbenblah met'n Schuten von de Röben afstuoken wäern. De Schnitt moss genau sitten. Bi't Röbenupladen mossen auk aal de Kinner helpen.

In'n laaten Hiärfst was de Hauptarbeit dat Plögen – man sägg daoto auk Bauen. Nao dat Bauen gong't an't Saihen von dat Winterkaorn. Dat wassen Giärst, Roggen un Weit. Up'n Klai moss auk aal in'n Hiärfst föer dat Sommerkaorn winterbaut wäern. Dat was wichtig, daomet de Lehmkluten in'n Winter üörnlick döerfreisen konn'n.

De Butenarbeiten mossen so üm Allerhilligen ferrig sien. Auk dat Veeh kamm bes daohen in de Ställ. Von November an konn't nämlick jedden Dagg schlecht Wiär met Fuorst un Schnee giebben.

Anfang November gongen de Winterarbeiten loss. Dao laiten et de Lü up'n Hoff 'n biettken langsamer gaohn äs an de drucken Dag in'n Sommer un Hiärfst. De Dag wuorn küörter un de Fieeraobende länger. De Härdfüers bronn'n. Up vuel Höef gong dat Härdfüer den ganssen Winter nich mähr ut. Muorns de iärste Arbeit von de Fraulü was, dat Füer anteböten. De Aschk wuor ut dat Füerlock herut nuommen. Met de lesten glainigen Holtstückskes wuor dat niee Füer wier anbott.

Mi däch no ut de Tiet äs Schooljung, dat muorns, wenn ick von mienen Schlaopstuoben herunner kamm, dat Füer aal bronn. Üöwer dat Füer hong an´n Haken, dat Haol, ´n grauten schwatten Kieddel met Water. Daomet wuor de iärste Kaffee kuokt.

Dat Härdfüer was in de miärsten Buernhüüs auk de enzige Stiär, wao´t warm was. Aowwer warm was´t an´t Härdfüer auk män bloß von vörn. Von ächten trock´t ut de kolle Küek. De Lü saggen: „Von vörn Afrika un von ächten Sibirien.“

Up´n Buernhoff gongen de Lü aobends fröh nao Bärr hen. Muorns mossen se jä fröh upstaohn. Fröh, dat was daomaols fief Uhr of no fröher. Vör dat iärste Fröhstück daihn de Manslü up de Diäll düörschken. Dat wuor no bes in´t 20. Jaohrhunnert met´n Düörschkflieggel maakt. Dat was´n Stiell met´n lossen hölternen Klöppel dran. Daomet wuor dat Kaorn ut de Garben utschlaon. Dat Kaorn lagg nu tesammen met dat Kaff – up Hauchdütschk Spreu – up de Diäll. Düsse Mischkung wuor tesammen kehert un in´ne Wann schofelt. Twee Mann pocken dann de Wann an un böerden se met´n Ruck in´ne Lucht. Daobi wuor dat Kaorn döer den Wind, de von de losse Nienndöer herin trock, von dat Kaff trennt. Von düsse Arbeit kümp dat Sprüek: „Die Spreu vom Weizen trennen.“

Dat Düörschken was ´ne schwaore Arbeit. Daorüm mossen auk dat iärste un twedde Fröhstück deftig sien. Dao wassen Fettsoppen un Möppkenbraut gra dat Richtige.

In'n Winter gong vuel Tiet met de Stallarbeiten drup. Veehfohern, Melken, Utmästen – dat wassen Arbeiten, de jedden Dagg anfollen, un dat auk sunndaggs. So'n Dagg, wao'm äs richtig frie häer, gaff't eenlick nich.

Bi lichtere Stallarbeiten mossen auk aal de Kinner methelpen. So mossen wi to'n Biespiell Truög rein maaken, dat Veeh Water giebben un Küh putzen.

'ne laige Arbeit was in'n fröhen Winter dat Stoppelröbentrecken. Dao was't buuten faken äösig Wiär. Dao kreeg'm kolle Finger un Rüggenpien.

De Winter was auk de Tiet föer alle müeglicken Holtarbeiten. Up'n Hoff bruukde man vuel Brandholt, un dat besünners föer't Härdfüer un de Kuokmaschin. Up vuel Höef – besünners up de grötteren – wuor auk aal wuel 'n Stuoben heizt, wao de Kinner naomerrags öhre Schoolarbeiten maaken konn'n un aobends de Lü tesammen satten.

Holt wuor auk bruukt föer den grauten Pott to't Kuoken von Schwienekartuffeln. In düssen Pott wuor auk Water föer't Wöschkwaschken un Schlachten heet maakt. Föer't Brautbacken un föer't Härdfüer bruukde man 'ne Masse Buuschken. Holt was auk nairig to't Timmern von all dat Gerai, wat'm up'n Hoff brück – so äs Stiells, Bessems, Balkens, Schlaiten, Läddern, Briär un Rieggelpäöhl.

Wenn in'n Winter dat Wiär föer Butenarbeiten te schlecht was, wuorn Klüngelarbeiten maakt. De

Mannslü arbeit´den dann manniche Stunn in de Timmerkammer. Stricke, Seels, Bessems un Stiells wuorn sölws maakt. Kapott Gerai moss wier in Uorder bracht wäern. Piärgeschiers un anner Liäderwiärks wuorn müeglicks sölws flickt.

Winterdaggs was auk de Schlachttiet. Up so´n Hoff wuorn in´n Winter so drei bes fief Schwiene schlacht´t. Un dat wassen miärst dicke Süeg von bes to fief Zentner. Fröher wull man – anners äs vandag – auk vuel Fett von´n Schwien häbben.

Up dat iärste schlacht´te Schwien freiden sick alle besünners. Dann gaff´t siet lange Tiet äs wier frischk Fleeschk up´n Dischk. ´n Deel von so´n schlacht´t Schwien wuor to Wuorstebraut un Liäwerbraut verwuorst´t.

Tüschken Wiehnachten un Hillige Drei Küeninge was ´ne Tiet, wao müeglicks de Arbeit ruhen soll. Bloß dat Nairigste wuor maakt – so äs Veehversuorgen.

De friee Tiet

So vuel Frietiet äs de Lü vandag häbt, gaff´t fröher up de Buernhöef nich. Et gaff kinn´n „Acht-Stunden-Tag" un auk kinn´n frieen Samsdagg. Jä, auk an´n Sunndagg mossen Arbeiten so äs Veehfohern un Melken maakt wäern. Friee Tiet gaff´t wiärkdaggs miärst bloß aobends un in de Ünnerst – dat is de Märragstiet tüschken twiälf un twee Uhr.

Winterdaggs kammen de Lü up´n Hoff nao´t Aobendiätten an´t Härdfüer of in´n kleinen Stuoben bineen. Dao wuor alls von´n Dagg beküert un von düt un dat vertällt. Dat Härdfüer was auk de richtige Stiär föer´t Vertällen von Spökenkiekers, Hexen, Düwels un baise Geister.

In de Naokriegsjaohre wuor dat Radio ümmer interessanter, üm dat Nieste gewahr te wäern. Häöern daihn wi de Nachrichten, den Wetterbericht un den Landfunk. Aobends gaff´t an´t Radio de Sendung „Zwischen Rhein und Weser". Dao konn´m dat Nieste ut use Gieggend gewahr wäern. Wenn äs´n plattdütschk Häörspiell an´t Radio was, dann lusterden wi alle to.

Sport so äs vandag gaff´t up de Höef boll nich. Man häer jä auk bi de Arbeit Beweggung noog. ´ne Sportart, an de vuel Lü up´t Land Spass häern, was dat Rieden. Daoto bruukde man aowwer ´n Warm-

blootpiärd. Dat häern äher de grötteren Höef, de sick
'nen „Rassemann" extrao föer de Kutschk un föer't
Rieden hollen konn'n. „Reit- und Fahrturniere" gaff't

Rieden was föer vuel Lü up't Land ümmer aal 'n graut Vergnögen.
Bi Turniere – äs hier 1952 in Hohenholte – konn'n de Rieders
wiesen, wat se traineert häern.

daomaols boll in jedde gröttere Duorp.

Vuel Interesse häern de Lü up't Land aal ümmer
an de Jagd. Fröher gongen vör allem de Buern up de
Jagd. Dat Jagdrecht was – un so is't auk vandag no
– an den Grund un Buoden bunn'n. Fröher wassen
de Pachtpriese föer 'ne Jagd so sieg, dat de miärsten
Buern öhr Jagdrecht behollen konn'n un sölws up de
Jagd gongen. Vandag sind de Pachtpriese so haug, dat
de Buern de Jagd föer vuel Geld verpachten könnt un

78

faken auk mött't. Denn se bruukt de Innahmen ut de Jagdpacht.

Jagen was föer vuel Buern 'n graut Plässeer in'n Hiärfst un in'n Winter. Dao gaff't de kleine Klüngeljagd met'n paar Mann un'n guetten Rüen of de graute Driewjagd met'n Stück of 20 Jägers un Driewers. De Hauptwildart wassen fröher Kaniens. De mooken grauten Schaden un mossen kuort hollen wäern.

'n Tietverdriew up de Buernhöef was dat Kartenspiellen. Spiellt wuor besünners Doppelkopp. Daoto haor 'ne guette Sigarr un'n aollen Klaoren.

De christlicke Glaube

In dat Liäben von de Mönsterlänner was de christlicke Glaube gans wichtig. De Mönsterlänner wassen siet de Tiet von de Christianisierung döer Karl den Grauten in de Jaohre üm 800 nao Christi Geburt ümmer aal fromme Christenmenschken. De vuellen Krüüsse an Wiäg un Straoten sind auk vandag no ´n Teeken daoföer. De Glaube häff de Menschken holpen, met Hunger, Krieg, Krankheiten, Daut un anner Mallöers biätter ferrig te wäern. Man daih nao´n Mallöer in Demut un daipen Glauben biäden: „Der Herr hat es gegeben, der Herr hat es genommen, gepriesen sei der Name des Herrn."

An jedden Dagg wuor – äs ick aal buoben vertällt häff – to bestimmte Tieten biäd´t. Muorns mossen wi aal vör´t Upstaohn dat Muorngebäd in´n Bärr stillkes vör us upsäggen. Vör´t un nao´t Merragiätten un Aobendiätten wuor biäd´t. Vörbiäden daih use Opa.

In den Maonat Mai wuor aobends nao´t Iätten de Maiandacht hollen. De Mai was de Marienmaonat. Mi däch no, dat alle Lü, de up usen Hoff wassen, nao´t Aobendiätten met´n Stohl in de graute Diele gongen. Den Stohl satten wi met de Lehne in Richtung Moderguottsaltaor, kneiden us vör den Stohl hen un stütt´den us met de Arms up de Sitzfläche. Dann gong dat Biäden to de hillige Maria loss. De Maiandacht duerden so üm 'ne halwe Stunn.

De Oktober was in't christkatholschke Mönsterland 'n besünneren Maonat. Et was de Rausenkransmaonat. In'n Oktober wuor bi us an Huus genau so äs up anner Buernhöef jedden Aobend de Rausenkrans biäd't. Dat was afwesselnd de schmerzhafte, de glorreiche un de freudenreiche Rausenkrans.

Jedden Sunndagg gong't sölwsverständlick in de Kiärk. Nao de Miss gongen de Buern in'ne Wärtschopp, Fraulü un Mannslü, jeddereen in sienen Hook. Dao vertällden se sick dann dat Nieste von de leste Wiärk.

Alle veer Wiärk mossen wi aal äs Kinner hen to't Bichten. De Grauten daihn dat miärst auk.

De christlicke Glaube kamm auk bi de Begrüßung tüschken Lü, de an't Arbeiten wassen, to'n Utdruck. Dann raipen de eenen:„Gott help Ju." Daorup kamm de Antwaort:„Gott lohn."

Well fröher gieggen den christlicken Glauben verstott, de was laig dran. De wuor, wenn et 'n graut Vergaohn was – so äs to'n Biespiell sunndaggs nümmer nich in de Kiärk gaohn – ut de Gemeinschopp utschluotten. Dao was in'ne Buerschopp un in't Kiärkspiell 'ne strenge soziale Kontrolle. Dat häer aowwer auk wat Guets. 'n Sprüek sägg: „Dat Geküer von de Lü hölt mannicheen up den rechten Patt."

In dat christlicke Mönsterland was de Namensdagg föer jeddereen 'n wichtigen Dagg in't Jaohr. Wenn een Namensdagg häer, dann was dat föer em so guet äs'n Fieerdagg. Dann kammen faken auk de naichsten Verwandten to't Gradleern. Dat lutt dann wuel so:„Vivat vivat...".

To de christlicke Liäbens-Philosophie haor auk de richtige Ümgang met annern. De Öllern lährden aal öhre Kinner, dat se Rücksicht upnanner niemmen mössen. Dat verkläörden de Möders öhre Kinner met de Richtschnur: „Was Du nicht willst, was man Dir tu', das füg' auch keinem andern zu." Wenn sick de Menschken auk vandag no an düssen Grundsatz hollen daihn, dann söög't in de Wiält biätter ut.

De Feste in´t Jaohr

Et gaff un giff in´t Mönsterland vuel christlicke Feste. De höchsten wassen de Veer Hochtieten, nämlick Wiehnachten, Ostern, Pingsten un Maria Himmelfahrt. Vandag is Maria Himmelfahrt nich äs mähr ´n gesetzlicken Fieerdagg.

In´n Midwinter was Wiehnachten up´n Buernhoff ´n gans haug Fest. An den Hilligen Aobend wuor up usen Hoff in Billerbieck dat Huus insiängt. Dat was auk up anner Höef Bruuk. Daoto kammen alle Lü up´n Hoff nao´t Aobendiätten in de graute Küek bineen. Dao wuor teiärst de Lauretanische Litanei biäd´t. Daonao trock so´ne kleine Prossion loss. Mien Vader gong met de Lechtmisskärs un met´n Bussbaumstrunk, de an´n Palmsunndagg wieht wuorn was, vörut. Mien Broer droog dat Wiehwaterpöttken un ick schwenkde dat Wiehraukpöttken nao guette Missdeinermaneer. Ächter us drei gongen de annern Lü, de an Wiehnachten up´n Hoff wassen. Use kleine Prossion trock teiärst döer dat heele Wuenhuus. Daobi wuor kinn´n Stuoben utlaoten. In de Schlaopstuobens wuor stillkes daoföer biäd´t, dat de, de in den Stuoben schlaipen, alltiet gesund blieben mäoggen.

Dann gong´t döer de Ställ, teiärst döer´n Piärdstall, dann döer´n Kohstall un telest döer´n Schwienestall. Daobi döpde mien Vader sienen Palmstrunk ümmer wier in dat Wiehwaterpöttken un siängde Menschk un Dier. Unner de Luuken von'n Strauhbalken mook he'n Krüüs. Dat was äs Bitte an den Härrgott te verstaohn, dat kineen döer de Luuk fallen mäögg un Mallöer kreeg. In de Ställ wuor daoföer biäd't, dat kinne Krankheiten up de Diers kuemmen mäöggen.

Nao dat Huusinsiängen was de Bescherung. Dat gong so vör sick: Alle Mann satten an't Härdfüer in de graute Küek un wocht'den, bes use Moder us met 'ne Schell in den grauten Stuoben uorderte. Dao was de Wiehnachtsbaum upstellt. Unner den Wiehnachtsbaum stonn föer jeddereen 'n Pappteller met sienen Namen up'n Sieddel. Wat up de Tellers lagg, dat was – vergliecken met de Wiehnachtsgeschenke von vandag – Armotswiärk. Dao laggen 'n paar Appels, de aal manks wat schrumpelig wassen, 'n paar Spekulatiusplätzkes un verscheidene Suorten Bombsen un'ne Taofel Schoklah.

Äs de Tieten nao'n Krieg wier wat biätter wuorn, gaff't auk wuel äs 'ne Appelsin up'n Teller. Dat was gans wat Besünners. Dao ruoken wi Kinner iärst äs dran un genuoten den früemden Rüek. Danao wuor de Appelsin nich faorts in eens upgiätten. Nee, man verdellde Stücksken föer Stücksken üöwer de Wiehnachsdag.

An Wiehnachten föhrden wi faaken met'n Piärschlieen nao de Kiärk. De Winters wassen jä fröher miärst vuel köller äs vandag. An Wiehnachten lagg manks so dick Schnee, dat met'n Kutschkwagen kin Döerkuemmen was. Dann wuor so'n dick Kaoltblootpiärd vör'n Schlieen spannt. Unn'n in'n Schlieen kammen Strauh, 'n paar heete Kruken föer de Fööt un Wulldiecken föer de Knei.

De Tiet tüschken Wiehnachten un Hillige Drei Küeninge was 'ne ruhige Tiet. Up'n Hoff wuorn bloß de nairigsten Arbeiten maakt. Dat wasssen Veehversuorgen un Melken. Af un to mossen wi no Holt klaiben un Holt nao de Füers in't Huus brängen. In düsse stille Tiet was de Buernfamilg auk miärst alleen unner sick. De Knechte un Miägde häern Urlaub un föhrden nao öhr Öllernhuus.

Ick was in de Tiet tüschken de Jaohre besünners gärn an Huus – un dat auk no in miene Studententiet. Dann satten wi manks aal üöwer Dagg an't Härdfüer un keeken in de Gloot. Use wichtigste Arbeit was dann, daonao te kieken, dat dat Füer auk üörnlick bronn. Dat was garnich so licht. Denn an't Härdfüer wuor nich dat beste Brandholt verbott, män vör allem Knubbens un Stubbens. Un de bronn'n bloß, wenn'm ümmer äs wier lück Kleinholt un Buuschkenknüeppels drunner stoppde.

De Knubbens wassen manks unwies graut. Se mossen faken met'n Holtschlieen up de Diäll trocken wäern. Von dao ut mossen wi de Knubbens an't Füer schlöern. Bes dat so´n dicken Knubben upbrannt was, konn´n wuel drei Dag vergaohn.

Wenn mien Vader, mien Broer un ick so naomerrags an´t Härdfüer satten, dann konn´t wuel äs passeern, dat use Moder an´t Füer kamm un sagg, dat se wuel föer den annern Märrag gärn ´n paar Kaniens in´n Pott häer. Dann keeken wi drei Mannslü us an un use Vader sagg: „Laot´t us äs met de Flint un den Rüen de Hiegg längs gaohn." Dat daihn wi dann auk un gongen up Kanickeljagd. Et duerde auk miärst nich lang, bes wi ´n paar Kaniens in´n Rucksack häern. So häern wi föer ´nen guetten Braoden suorgt un todem auk no Plässeer bi de Jagd hat.

´n graut Fest was niäben Wiehnachten auk Ostern. Up dat Osterfest daihn sick de Lü in de Fastentiet vörbereiten. De Fastentiet wuor fröher streng inhollen. Et gaff nicks Sööts – auk nich föer de Kinner. Feste gaff´t in de Fastentiet auk nich. De Grauten mossen – biätter gesäggt: sollen – sick met Schnaps, Beer un Tabak trüggholen. Fleeschk kamm in´ne Fastentiet no seltener up´n Dischk äs süss – friedaggs gaff´t üöwerhaupt kin Fleeschk. Dat gelde aowwer nich bloß föer de Fastentiet.

Föer us Kinner was Palmsunndagg ´n besünneren Dagg: Wi mooken us ´n Palmstock. Dat was´n Holtpinn, wao wi de Rinde afmaakt häern. An´n büöwersten End von den Pinn bunn´n wi ´n

Bussbaumstrüüksken. Daomet trocken wi nao de Kiärk un gongen met de Palmprossion.

Ostern – waoto man in Platt auk Paoschken sägg – was´n graut Fest. Et was dat wichtigste Fest von de Veerhochtieten. An´n Karsamsdagg gongen Graut un Klein in de Kiärk to´t Bichten. Ostersunndagg gong jeddereen to dat hillige Sakrament von de Kommion.

An dat christlicke Fest Fronleichnam is et Bruuk, dat ´ne Prossion met dat Allerhilligste döer Feld un Flur treckt.

Well dat nich daih, de foll mächtig up. De riskeerde, dat de Lü schlecht üöwer em küerden.

Ostern was auk bi´t Iätten ´n besünneren Dagg. Aobends gaff´t dat enzige Maol in´t Jaohr satt Eier – kuokte un backte. Danao gong´t nao´t Osterfüer. Dao kammen auk de Naobers tehaup. Et feihlde kineen.

Wenn dat Füer bronn, wuorn de aollen Osterleeder sungen. Dann schallde et döer de Buerschopp: „Das Grab ist leer..." un „Halleluja laßt uns singen...".

An dat christlicke Fest Fronleichnam gaff´t un giff´t auk vandag no ne graute Prossion döer Feld un Flur. Daobi drägg de Pastor dat Allerhilligste in de Monstranz. De Pastor geiht unner ´nen Baldachin, de von veer Mann druogen wött. Daoächter geiht de heele Kiärkengemeinde met Biäden un Singen. De Wiäg, döer de de Prossion treckt, sind fieerlick schmückt un met Blomen bestreit.

´n graut Fest in´t Jaohr was ümmer aal dat Schützenfest. Dao wuel jeddereen in´ne Buerschopp

Bi´t Schützenfest gong de Musik met de graute Trumm vörut.

derbi sien. De Höhepunkt was dat Vuegelscheiten. Well den Vuegel afschuotten häer, de was de Schützenküening. He saoch sick 'ne Küeningin un twee Ehrendamen. De „Majestäten" wuorn in'ne Kutschk döer't Duorp of döer de Buerschopp föhert. Se wuorn flankeert von den Oberst met siene Adjutanten. Aobends to den grauten Schützenball trock 'ne lange Polonese nao't Festtelt. De Musik met te graute Trumm gong vörut. Up den Festball gong't dann mächtig rund.

De Geburt

Tüschken Geburt un Daut liggt wichtige Liäbensafschnitte. Dao sind de Kinnertiet, de Schooltiet, de Berufsutbildung, de Frieenstiet, de Hochtiet, dat Arbeitsliäben un de Tiet äs Rentner.

Geburten gaff't up'n Buernhoff fröher mähr äs vandag. De Buernfamilgen häern miärst vuel Kinner. Et wassen faken so tüschken fief un teihn. Manks wassen't auk no mähr.

De Kinner wuorn fröher miärsttiet an Huus geboern. Wenn de Tiet von de Geburt dao was, wuor to rechten Tiet de Hebamm up'n Hoff haalt. Wenn de nich so gau kuemmen konn, raip man Naoberfrauen. Tiet de Naut wuor de Dokter ropen.

Wenn'n Kind geboern was, gaff de Vader den naichsten Naober Bescheid. Un de gaff dann Uorder an de annern Naobers. De Freide üöwer'n Kind was dann besünners graut, wenn de iärste Jung geboern was. Dann häer de Familg nämlick 'nen Hoffiärwen, de den Hoff läter üöwerniemmen konn. In't Mönsterland was't siet Jaohrhunnerte Bruuk, dat de öllste Suon den Hoff iärwde. Dat was aal so siet de Tiet von Karl den Grauten üm dat Jaohr 800 herüm. Düt System von dat Anerbenrecht häff ick aal buoben in dat Kapitel üöwer de Geschichte von de Mönsterlänner Buernhöef verkläört.

Dat bloß een von de Kinner den Hoff iärwen kann, is auk vandag no in't Gesetz – nämlick de Höfeordnung – fastleggt. Wenn de Öllern den Hoffiärwen nich bestimmt häbt, dann iärwt – je nao Landessitte – entwedder dat öllste of dat jüngste Kind den Hoff. In't Mönsterland was dat Öllstenrecht Bruuk. Dat was von Tradition ümmer de öllste Suon. Wenn dat öllste Kind 'ne Dochter was, daih se fröher nich iärwen. Dat stonn auk bes vör iätlicke Jaohre so in de Höfeordnung. De moss aowwer daohen ännert wäern, dat auk de Döchter gliekberechtigt wuorn.

Nu trügg to de Geburt: De Naoricht daovon, dat de iärste Jung, un daomet de Hoffiärwe geboern was, gong besünners ielig döer de Naoberschopp. Dann wuor wuel säggt: „Häs du't aal haort, bi ... häbt's 'nen jungen Buern."

De Taufe was aal an'n diärden Dagg nao de Geburt. Man häer't ielig daomet. Denn man wuel kin Risiko ingaohn, dat'n Kind aohne Taufe daut gong. Iärst met de Taufe wuor – so lährde et te Kiärk – dat Kind iärst richtig 'n Christenmenschk. Un wenn dat Kind aohne Taufe daut gong, was nao de christlicke Lähr de Gefaohr dao, dat dat Kind äs Heidenkind nich faorts in'n Hiemmel kaim.

De Moder was bi de Taufe nich derbi. Se moss nao daomaolige Meinung nieggen Dag in't Bärr blieben.

Bi de Tauffieer droog de Hebamm dat Kind up'n Wägg nao de Kiärk. Bi de Taufe sölws moss de Patentante dat Kind up'n Arm niemmen. Nao de Kiärk gong't trügg nao'n Hoff. Dao gaff't 'n üppig Märragiätten met iätlicke Gäng. Dat was nich vuel schlechter äs bi 'ne Hochtiet. Un dat besünners, wenn de iärste Jung – de junge Buer – geboern was.

In dat katholschke Mönsterland was't Bruuk, dat nao de Geburt von dat Kind de junge Moder in de Kiärk insiängt wuor. Dat gong so: De junge Moder gong in de Kiärk un satt sick wiet ächten in'n Taohn hen. Dann kamm de Pastor met'n Missdeiner to de junge Frau un siängde se met'n Bussbaumstruuk un Wiehwater. Wat dat nu genau te bedüden häer, sin ick äs Missdeiner nich klook wuorn. De eenen küerden daovon, dat de Moder wier „rein" wäern möss, de annern soogen dat Insiängen äs Dank daoföer an, dat de Moder un dat Kind gesund wüörn. Dat was jä auk in daomaolige Tieten nich sölwsverständlick. Vuel Möders un Kinner sind jä bi de Geburt stuorben.

De Kinnerkommion

In dat Liäben von´n Kind was de Kinnerkommion ´n gans besünneren Dagg. Met siebben Jaohre, wenn de Kinner in´t twedde Schooljaohr kammen, gongen se dat iärste Maol to dat Sakrament von de Hillige Kommion. De Iärstkommion was an den Witten Sunndagg. Dat was de Sunndagg nao Ostern. De

De Schriewer von düt Bööksken, Josef Vasthoff, äs Kommionkind in dat Jaohr 1946

Vörbereitung to de Iärstkommion was vör de Kinner nich so licht. Se mossen sick in de Bibel un in den Katechismus guet utkenn'n.

An den Samsdagg vör de Iärstkommion mossen de Kinner dat iärste Maol hen bichten. Ick kann mi no erinnern, dat dat föer mi 'n schwaoren Gang was. Alle müeglicken Sünn'n gieggen de teihn Gebote häff ick bi de Bicht uptällt. Et wassen auk wuel wecke derbie, de ick gar nich daohn häer of dohn konn. Ick häff to'n Biespiell bi de Bicht säggt, dat ick „Unkeusches" daohn häer. Ick konn daomaols no gar nich wietten, wat dao eenlick ächter stonn.

To de Iärstkommion kreegen de Jungs extrao 'nen nieen Anzug. De was dunkelblao un häer 'ne kuorte Bucks. Bi de Kommionfieer in de Kiärk wassen auk de Taufpaten derbie. Dat Kommionkind kreeg 'nen Haupen Glückwunschkbreewe un Geschenke. Dat gröttste Geschenk mooken de Taufpaten. Dao was 'ne Uhr no nich äs de Utnahme.

To de Fieer up'n Hoff was de gansse Verwandtschopp inladen. Et gaff 'n üppig Märragiätten. Daonao gongen de Mannslü döer Ställ, Kämp un Weiden, üm dat Veeh un dat Kaorn te bekieken. De Fraulü gongen döer'n Gaoren un keeken, wat in düsse fröhe Jaohrtiet aal an Blomen un Fröhjaohrsgemös ut de Äer kamm.

Wenn nu de Verwandten dat Iärwe noog bekiecken häern, gong't an'n Kaffeedischk. Daonao

wuorn auk aal boll de Kutschkpiär anspannt un et
gong in so'n sinnigen Draff wier nao Huus. Anners
äs bi 'ne normale Vesiet wuor an den Dagg von de
Kinnerkommion nich Doppelkopp spiellt. Daoföer
was de Dagg te hillig.

De Hochtiet

'n grauten Dagg in't Liäben is föer jeddereen de Hochtiet. Up'n Buernhoff wuor de Hochtiet besünners graut un lang fieert. Un dat vör allem dann, wenn de Hoffiärwe hieraoden daih. Föer den Bestand von'n Buernhoff was't ümmer all gans wichtig, dat de richtige junge Frau up'n Hoff kamm. Dat Sööken von de richtige Frau was nich alleen dat Wiärks von den jungen Buern. Nee, dao küerden auk de Öllern 'n gehäörig Wäörtken met. De junge Frau moss to de

An den Hochtietsdagg wuor dat Bruutpaar met'n tweespännigen Kutschkwagen föhert.

niee Familg un den Hoff passen. Äs guet soog man et

an, wenn de Bruut auk von´n Buernhoff kamm un de Hoff so ungefähr gliek graut was. Et konn auk nich schaden, wenn de junge Frau´ne guette Utstüer un auk no wat Geld metbraoch.

Wichtig was´t, dat de junge Frau düftig was un äs niee Meerschke den Huusholt vörstaohn konn. Dat kümp in mannich Sprüek to´n Utdruck, so äs to´n Biespiell:

> „Well köff Naobers Rind un friet Naobers Kind, de weet, wat he finnt.”

> „Söök Di ´ne Frau in´n Stall, un nich up´n Ball.“

So´ne Buernhochtiet wuor lang vörbereit´t. De Hoff moss up Schuss bracht wäern. De Gebaide un de Ställ wuorn repareert un Döern un Fensters nie striecken.

De Hochtietsfieern duerden met all dat Drümherüm boll ´ne heele Wiärk. Vör den Dagg von de Hochtiet gaff´t föer de Naobers aal vuel te dohn. Man saoch un funn Geliägenheiten, üm bineen te kuemmen un te fieern. Dao moss de Huusdöer utmiätten wäern – so te säggen äs Vörbereitung föer dat Schmücken un Kränssen von dat Hochtietshuus. Auk moss Gröön to´t Kränssen haalt wäern, wat wier ´nen lustigen Aobend braoch. ´n paar Dag vör de Hochtiet wuor de Utstüer von de Bruut met´n Kistenwagen afhaalt. Dat was de Upgaw von den naichsten Naober. De spannde twee

Piär vör'n Riängstenwagen un föhrden nao dat Huus von de Bruut. Up'n Trüggwägg moss he manks anhollen. De Kinner spannden 'n Seel üöwer de Straot un wullen äs „Lösegeld" 'n paar Gröschkens häbben.

An den Hochtietsdagg sölws wuorn de Bruutlü aal üm Klock sess met Böllerschüetts weckt. Dat daihn de Naobers an de Hüüs von Bruut un Brüüm.

Upgaw von den naichsten Naober was't, dat Bruutpaar to de Trauung nao de Kiärk hen te föhern. Bi de Trauung sölws was aal de gansse Hochtietsgesellschopp derbi. Dat wassen faken üöwer 100 Lü. To de Hochtiet wassen alle Naobers un de gansse Verwandtschopp inladen – miärsttiet auk de wietlöftigen Verwandten.

Nao de Trauung gong't nao den Hoff von den Brüüm. Dao was't faken Bruuk, dat de Meerschke met'n Kuoklieppel in de Huusdöer stonn. Äs Teeken daoföer, dat se dat Regiment an de junge Frau afgiebben wull, üöwergaff se den Lieppel an de niee Schwiegerdochter. Et gaff aowwer auk Meerschken, de dat Regiment – met anner Wäöer: den Lieppel – no nich afgiebben wullen. Daovon kümp de Redewendung: „Den Löffel abgeben."

De twedde Höhepunkt nao de Trauung was dat Märragiätten up den Hoff von den Brüüm. De Hochtietstaofel stonn up de Diäll of in'n Kohstall. Dao was to de Hochtiet alls rein un fien maakt wuorn. De Wänn wassen frischk wittelt un met Biärkentöög utschmückt wuorn. Dat Hochtietsiätten was ümmer guet un rieklick. Et gaff mährere Gäng. Dat fong an met Supp un daonao Rindfleeschk met Siepelsoos. Dann kamm de Braoden met Gemös. To´n Naodischk gaff´t mährere Suorten von Pudding. Up jedden Fall moss Herrencreme derbi sin. De häört in´t Mönsterland eenfack to´n guet Iätten derto. Bi´t Iätten gaff´t satt te Drinken – satt, dat is in´t Mönsterland nümmer nich wennig wierst. To´t Märragiätten drunk man Wien, aobends gong´m dann mähr un mähr to Beer un Schnaps üöwer.

Nao´t Märragiätten gong´t de Naobers rund. Dat was ´ne heele Prossion. Vörut gong de Musikkapell. De Trumm moss den Takt schlaon. Bi de Naobers gaff´t Kaffee un Koken. Aobends kamm dann wier üörnlick wat te Iätten up´n Dischk. Daonao wuor bes in de Muornstiet danst.

Wenn de junge Buer, de Hofiärwe, hieraoden daih, dann gaff´t auk no´n twedden Hochtietsdagg. Dat was de Dagg föer de Naobers. Düssen twedden Dagg was daoföer dacht, de Bruut in de Naoberschopp upteniemmen. Se moss öhr „Naoberschoppsrecht" giebben. An düssen Dagg gong´t naomerrags wier de Naobers rund. Dao wuorn Eier bineen haalt, de aobends von de Bruut backt of kuokt wäern mossen.

Nu mott´m aowwer nich glaiben, dat de Hochtietsfieern met den twedden Hochtietsdagg aal an End wassen. Nee, nu moss de Hochtietsschmuck an de Huusdöer wier afmaakt wäern. Föer düt Afkränssen wuor wier'n Aobend ansett't. Schließlick moss auk no eenen Aobend dran sett't wäern to't „Buck wegbrängen". De Naobers kammen wier tehaup, üm 'nen Holtbuck nao den Naober hen te brängen, wao waohrschienlick de naichste Hochtiet was.

Man süht an so'ne Hochtiet, dat de Mönsterlänner nich bloß düftig arbeiten, män auk düftig fieern könnt. Wu hett et in dat Westfaolenleed: „De kennt Arbeit un auk Spass."

De Daut

To dat Liäben häört de Daut. Düsse Waohrheit häbt de Menschken fröher wenniger verdrängt äs vandag. De miärsten Lü gaoht vandag in Krankenhüüs of Aollenheime daut. Fröher sind de miärsten Lü an Huus stuorben. De Daut was fröher üöwerall naig. Vuel Menschken gongen all in junge Jaohre daut – auk aal Kinner.

De Familgen häern fröher miärst 'nen grauten Tropp Kinner. Faken wassen et mähr äs fief. Aowwer längs nich alle Kinner üöwerliäwden. Et kamm auk faken vör, dat de Moder bi de Geburt von 'n Kind daut gong.

De Oma up den Hoff Schulze Vasthoff häff no bes an den Dagg von öhren Daut in 'n Gaoren arbeit't.

De Medizin was jä daomaols no nich so wiet äs vandag. Bi manniche Krankheit konn'n de Dokters nicks maaken – so to'n Biespiell bi 'ne Blinddarm- of Lungenentzündung. Wenn dann fraogt wuor, waoran de Menschk stuorben was, dann saggen de Lü wuel: „Miserere". Dat soll heiten, dat man et nich so genau wuss, aowwer dat de nicks an te maaken was.

Auk aal de Kinner lärden den Daut kenn'n. Mi däch no de Daut von miene Oma. Eenes Naomerrags in'n Sommer kamm miene Moder ut'n Gaoren in't Huus laupen un raip: „Oma ligg in'ne Rabatten un is nich mähr bi Verstand." Alle Lü up'n Hoff laipen bineen. De Doktor wuor ropen.

Use Oma häer bi't Iärftenplücken 'nen Schlaganfall krieggen, aowwer se liäwde no. Se wuor in't Huus druogen un in öhr Bärr leggt. De naichsten Verwandten kammen. Alle stellden sick üm dat Stiärbebärr. 'ne Lechtmisskärs wuor anstuoken un alle, de üm dat Daudenbärr herüm stonn'n, biäd'den föer de Oma, de in't Stiärben lagg. Auk aal de kleinen Kinner stonn'n üm dat Daudenbärr. So lärden wi aal äs kleine Kinner den Daut kenn'n.

Use Oma häff no drei Stunn'n liäwt. Se is sacht un aohne Pien ut de Tiet gaohn. Wenn de Oma vandag liäwt häer, wüör se waohrschienlick no up de Intensivstation kuemmen un häer sick vellicht no lang quiällen mosst, bevör se an'n Daut kuemmen was.

Use daude Oma wuor in'n besten Stuoben upbart. An de drei Dag, wao de Oma üöwer Ärden stonn, biäd'den wi jedden Aobend föer de Verstuorbene. To dat Aobendgebäd kammen auk de Naobers. So was dat in't Mönsterland Bruuk.

Drei Dag nao den Daut was de Beerdigung. De Liekenwagen met twee Piär dervör kamm up'n Hoff. De Piär häern 'ne schwatte Dieck üöwer den Rüggen äs Teeken daoföer, dat truert wuor. Ächter den Liekenwagen, de in'n langsamen Schritt nao'n Kiärkhoff föhrde, gongen alle te Foot. Dat wassen veer Kilometer.

Use Oma häff no bes an den Dagg von öhren Daut metarbeit't. To öhre Arbeiten haor dat Kartuffelnschällen, Schwienefohern un Schohputzen. Sommerdaggs was se todem ümmer in'n Gaoren an't wiärken. De Oma was auk no in't hauge Aoller 'ne graute Hölp föer den Hoff un kinne Last.

De christlicke Glaube holp de Menschken, met den Daut biätter ferrig te wäern. De Daut is föer'n Christenmenschken 'n Üöwergang in'n Hiemmel un nich dat End. So saggen fröher de Lü auk wuel, wenn een daut gaohn was, up Mönsterlänner Platt: „He is ut de Tiet gaohn" of „He häff sick up de anner Siet maakt."

Dat to dat Liäben de Daut häört, konn'n wi auk aal äs Kind up'n Hoff bi't Veeh beliäben. Wenn'n

Schwien schlacht´t wuor, droffen wi auk aal äs Blagen tokieken. Us wuor äs Kind auk aal verkläört, dat´n Piärd, wat aolt wuorn was, nao´n Piärschlächter bracht wäern moss. Dat Waort „Gnadenbrot" kann´n wi daomaols no nich.

Äs ick so üm de teihn Jaohre aolt was, dao daih ick auk aal ´n Hohn schlachten. Dat laip so af: Miene Moder sagg muorns in´ne Küek wuel äs: „Wat will wi vermärrag up´n Dischk brängen?" Wenn de Kükenwichter kinne Idee häern, dann sagg miene Moder manks: „Jopp, gaoh äs up´n Hoff un haal ´n Hohn!" Dann wuss ick, wat miene Upgaw was. Ick gong up´n Hoff, wao de Höhner laipen. Dao saoch ick mi ´n Hohn föer´t Schlachten ut. Ick häer Uorder, ´n Hohn met´n witten of griesen Kamm te fangen. Dat was nämlick ´n Hohn, wat aal aolt was un nich mähr so vuel Eier leggen daih. Höhner met´n rauden Kamm wuorn äs jung un gesund anseihn.

Wenn ick mi nu ´n Hohn utsaocht häer, dann laip ick so lang drächter her, bes et nich mähr konn un sick in de Huke sett´de. Dann pock ick mi dat Hohn un gong dermet nao´n Hackkloss. Ick pock dat arme Dier an de Been un dreihde et so lang döer de Lucht, bes dat et beduselt was. Dann lagg ick dat Hohn met´n Kopp up den Hackkloss un schloog dat Dier met de Baor den Kopp af. Daonao braoch ick dat daude Hohn nao de Waschkküek, wao de Fraulü dat Hohn ruppen un utniemmen mossen. Märrags was dat Hohn aal up'n Dischk, wat muorns no quieklebennig up'n Hoff herüm laupen häer.

Vandag kann'm sick nich mähr vörstellen, dat so'n Jüngsken von teihn Jaohr 'n Hohn schlachten döht – un dat, ohne Bedenken gieggen dat „Töten" te häbben.

To't Dautmaaken von bestimmte Suorten von Diers wuorn auk aal de Kinner – män bloß de Jungs – upfüördert. Dat gelden föer alle Schädlinge. Un schädlick wassen alle Diers, de de Menschken of dat Veeh wat weg fratten.

So mossen wi Ratten faorts daut schlaon, wao wi se te packen kreegen. De Ratten kammen gärn in Düstern in'n Höhnerstall. Dat was 'ne guette Geliägenheit föer de Jagd. Wi schnappden us jedder 'ne Schüpp un schleeken us nao'n Höhnerstall. Dao moss een von us de Döer loss reiten un dat Licht anknipsen. De annern laipen hennig in den Stall, wao de Ratten wassen. De wullen natürlick faorts in öhre Löcker krupen. Dao schneeden wi öhr den Wägg af un schloogen se daut. Miärsttiet häern wi „Waidmannsheil."

Anner Schädlinge wassen Spatzen – daoto sägg man up Platt auk Lüninge. Daovon gaff't up Buernhöef mähr äs noog. De Lüninge wassen üöwerall dao, wao't Kaorn te friätten gaff. So satten se up de Kaornbüens un in de Schüern. Dao häern de Spatzen auk öhre Nöster. Wi Jungs kleiden nao de Nöster hen un schmeeten se herunner. Wenn junge Spatzen drin wassen, schmeeten wi de ut't Nöst herut up de Äer.

Schädlinge wassen auk Spraolen – up Hauchdütschk Stare. De satten sick in'n Sommer to Hunnerte in de Kiärsenbaim un pickten de riepen Kiärsen af. Üm de Spraolen von de Kiärsenbaim aftehollen, wuorn Pluedenstaken un Fahnen in de Baim hangen, män dat holp nich vuel. De klooken Spraolen häern et wanners herut, dat von de Pluedenstaken kinne Gefaohr utgong. Mähr Respekt häern se vör use Luftbüssen, met de wi up de Spraolen schuotten. Manniche Spraol moss öhr Liäben laoten. Dat was dann auk'n Exempel föer de annern, de öhr Liäben retten wullen.

Wat wött ut use Mönsterlänner Buernhöef?

Use schönen Mönsterlänner Buernhöef häbt 'ne lange Geschichte ächter sick. Wi willt huopen, dat se auk no 'ne lange Geschichte vör sick häbt. De Strukturwandel is wisse no lang nich an End. Use düftigen Buern mött't den Strukturwandel metmaaken. Süss könnt se nich üöwerliäben.

Et giff vuel Fraogen:

Wu seiht use Höef in teihn, füftig of hunnert Jaohre ut? Giff't dann no de schönen Mönster-

Buernhoff Heitplatz in Senden

länner Buernhöef of seiht se mähr ut äs Agrarfabriken?

Bliewt bi den grauten Strukturwandel no noog Höef üöwer, so dat use schöne Mönsterlänner Parklandschaft erhollen wött?

Up all de Fraogen wiett't wi kinne Antwaort. Wi wiett't apatt eens: Use düftigen Buernfamilgen sind alltiet auk met schlechte Tieten praot kuemmen. De Mönsterlänner Buern wassen ümmer daorup ut, öhre Höef te erhollen un de Höef an de naichste Generation wieder te giebben. Dat dat so bliff, dat will wi huopen un daoto määgg de Härgott sienen Siängen giebben.

Bildnachweis

Umschlagfoto: Fotograf: Vasthoff, Münster, (Gräftenhof auf dem Mühlenhof in Münster)

S. 18: Bildarchiv Volkskundliche Kommission, SGV-Bestand, Fotograf unbekannt, (Pferde vor Mähmaschine)

S. 23: Familienalbum Brockamp, Sassenberg, (Pferde vor Selbstbinder)

S. 29: Bildarchiv Volkskundliche Kommission, Fotograf unbekannt, (Trecker vor Heuwagen)

S. 31: Bildarchiv Volkskundliche Kommission, Werkfoto Claas, (Mähdrescher)

S. 33: Bildarchiv Volkskundliche Kommission, Fotograf: Hätter-Jeismann, Datteln, (Familie mit Pferd)

S. 36: Bildarchiv Volkskundliche Kommission, Fotograf: Heinr. Mevenkamp, Rheine-Catenhorn, (Kinder der Größe nach)

S. 40: privat, Familie Rikels, (Bauernhof in Münster-Sprakel)

S. 46: Bildarchiv Volkskundliche Kommission, Fotograf: Adolf Risse, Münster-Nienberge, (Bauernkotten)

S. 49: Bildarchiv Volkskundliche Kommission, Fotograf: Adolf Risse, Münster-Nienberge, (Menschen vor Kutschwagen)

S. 53: Bildarchiv Volkskundliche Kommission, Fotograf: Heinr. Schulte-Althoff, Datteln, (Menschen am Herdfeuer)

S. 58: Luftbild, Fotograf unbekannt, (Hof Schulze Vasthoff)

S. 62: Bildarchiv Volkskundliche Kommission, Fotograf: Ulrich Bauche, Münster, (Frau beim Brotbacken)

S. 66: Bildarchiv Volkskundliche Kommission, Fotograf: Heinr. Mevenkamp, Rheine-Catenhorn, (Familie im Sonntagsstaat)

S. 69: Familienalbum Weitkamp, Billerbeck, (Erntewagen mit Pferden)

S. 78: Bildarchiv Volkskundliche Kommission, Fotograf: Adolf Risse, Münster-Nienberge, (Reitturnier)

S. 87: Bildarchiv Volkskundliche Kommission, Fotograf: Otto Balkenholl, Hemmerde, (Fronleichnamsprozession)

S. 88: Familienalbum Schulze Vasthoff, Billerbeck, (Schützenfest)

S. 93: Familienalbum Vasthoff, Münster, (Kommunionkind Vasthoff)

S. 96: privat, (Hochzeitspaar)

S. 101: Familienalbum Schulze Vasthoff, Billerbeck, (alte Frau bei Gartenarbeit)

S. 107: Fotograf: Vasthoff, Münster, (Bauernhof Heitplatz, Senden)

Kleines Wörterverzeichnis

äösig	dreckig, schlecht
apatt	aber, doch
Baas	Leiter, Oberster
bannig	sehr
Baor	Beil
Beschüt	Zwieback
Bessmoder	Großmutter
Bessvader	Großvater
böern	heben
böten	feuern, heizen
Brüüm	Bräutigam
Bruut	Braut
Büen	Schlaf- bzw. Vorrats-kammer
Buotteram	Butterbrot
Buschk	Wald
buten	außen, draußen
butt	grob
Buuschk	Reisigbündel
Diäll	Tenne
Dissel	Deichsel
Dook	Tuch
druck	arbeitsreich
drüüg	trocken

düftig	tüchtig
faken	oft
Flass	Flachs
Fuesel	schlechter Schnaps
gau	schnell
Gerai	Geräte, Werkzeug
gneesen	lächeln, grinsen
Hakemai	das letzte Erntefuder
Haol	Kesselhaken über dem Herdfeuer
hassebassen	hetzen, übereilen
hennig	eilig
Hieckel	Hechel, Flachsbreche
Hiegg	Hecke
Holschken	Holzschuhe
Iärften	Erbsen
Iärse	Art, Kultur
jüst	genau, gerade
Kaff	Spreu
Kamp	Feld
Klai	Lehmboden
klaiben	spalten
kleien	klettern
Knabbeln	geröstetes, gebrochenes Weißbrot
Kruk	Wärmflasche
küern	sprechen

laig	schlecht
lat	spät
Lieppel	Löffel
Lüning	Spatz
manks	manchmal
Meerschke	Bauersfrau
minnächtig	verächtlich
Möppkenbraut	Wurstbrot
obstrinäötschk	eigensinnig, aufsässig
Öhm	Onkel
Paoschken	Ostern
Pinn	Stock, Stab
Pluedenstaken	Vogelscheuche
praot	bereit, fertig, zurecht
puorten	pflanzen
Rabatten	Gartenbeete
Riängstenwagen	Erntewagen
Rieggelpäöhl	Weidezaunpfähle
Rüek	Geruch
Rüer	Hund
schännen	schimpfen
Schlaiten	Holzlatten
Schleif	Suppenkelle
schlöern	schleppen
schmachten	hungern
schmaiken	rauchen
schmüelen	qualmen

schraot	schräg
Schut	Spaten
Seis	Sense
Sieddel	Zettel
sieg	niedrig
Siepel	Zwiebel
Spraol	Star
Sueg	Sau
Süster	Schwester
tieggen	neben
Tratt	Schritt, Tritt
Tropp	Menge, Schar
tüschken	zwischen
twiärs	quer
Ünnerst	Mittagsruhe
vandag	heute
Vesiet	Besuch
wanners	bald
Wicht	Mädchen
Wiessbaum	Balken über dem Erntewagen
wisse	gewiß, sicher
witteln	weißen